Research on the Influence of the Technological Innovation and
Ultimate Control Structure on the Capital Structure

技术创新、终极控制权结构对资本结构的影响研究

张　博　著

吉林大学出版社

·长春·

图书在版编目（CIP）数据

技术创新、终极控制权结构对资本结构的影响研究 / 张博
著.——长春：吉林大学出版社，2022.7
ISBN 978-7-5768-0164-4

Ⅰ.①技⋯ Ⅱ.①张⋯ Ⅲ.①上市公司－股权结构－影响－
资本结构－研究 Ⅳ.① F276.6

中国版本图书馆 CIP 数据核字（2022）第 138188 号

书　　名：技术创新、终极控制权结构对资本结构的影响研究

JISHU CHUANGXIN、ZHONGJI KONGZHIQUAN JIEGOU DUI
ZIBEN JIEGOU DE YINGXIANG YANJIU

作　　者：张　博　著
策划编辑：朱　进
责任编辑：单海霞
责任校对：刘守秀
装帧设计：王　强
出版发行：吉林大学出版社
社　　址：长春市人民大街 4059 号
邮政编码：130021
发行电话：0431-89580028/29/21
网　　址：http://www.jlup.com.cn
电子邮箱：jdcbs@jlu.edu.cn
印　　刷：三河市龙大印装有限公司
开　　本：787mm×1092mm　　1/16
印　　张：10.75
字　　数：180 千字
版　　次：2022 年 7 月第 1 版
印　　次：2022 年 7 月第 1 次
书　　号：ISBN 978-7-5768-0164-4
定　　价：50.00 元

前　言

从理论方面看,资本结构决策一向是金融学研究的主要热点和难点。控制权和委托代理成本资本结构理论都认为公司治理问题能够影响公司的资本结构。近年来,随着公司治理矛盾的不断演变,从第二类委托代理问题出发以终极控制权结构为视角研究公司治理因素对公司资本结构的影响已经成为一种新的探索和尝试。终极控制股东能够依照特有的控制方式对目标控制公司进行有效的控制,从而形成了终极控制权和现金流权偏离的终极控制权结构。这种不对称的控制权结构使得终极控制股东偏好于通过各种侵害方式扩大可控资源、进行隧道攫取和追求控制权私有收益。具体来看,终极控制股东能够通过负债融资在保证对目标控制公司有效控制的前提下不断地扩大可控制的财务资源;与此同时,终极控制股东还能够对目标控制公司技术创新活动进行侵害,一方面抑制目标控制公司的技术创新投入,另一方面进行不平衡的技术创新模式选择。按照产业组织资本结构理论的观点,技术创新是影响公司资本结构的重要因素。那么,终极控制股东是否会利用技术创新更加隐蔽地影响目标控制公司的资本结构呢?终极控制股东不平衡的技术创新模式选择是否会对目标控制公司的资本结构产生影响呢?对这些问题的研究,有利于完善控制权、委托代理成本和产业组织资本结构理论,有利于继续丰富和充实终极控制权结构影响目标控制公司资本结构的机理研究。

从现实方面看,自改革开放以来,中国经济一直保持着高速的发展态势。随着国内外经济环境的变化,现阶段中国经济增长速度逐渐趋于理性,谋求经济发展方式转变、实施创新发展战略已经成为当下中国社会经济发展的必然趋势。在这一进程中，公司治理问题不可避免地会对创新型企业经营管理的各个方面产生影响。在中国，上市公司中普遍存在终极控制现象，而且终极控制股东偏好于利用各种手段针对目标控制公司进行隧道侵害。具体来看，终极控制股东一方面可能基于自身利益最大化直接影响目标控制公司的技术创新活动和资本结构；另一方面也可能通过公司技术创新活动间接影响目标控制公司的资本结构。这不仅会降低目标控制公司的技术创新效率，而且使得终极控制股东的负债融资侵害行为变得更加隐蔽，难以察觉。由此可见，就技术创新中终极控制股东对目标控制公司的负债融资侵害行为的研究，是完善中国中小投资者保护制度、优化企业治理结构、提高企业技术创新效率、确定合理资本结构的必要保障。

基于以上理论和现实背景，本书以技术创新为切入点，就技术创新投入对终极控制权结构影响目标控制公司资本结构的中介效应问题和技术创新模式对终极控制权结构影响目标控制公司资本结构的调节效应问题进行了研究，以期对技术创新活动中终极控制股东影响目标控制公司资本结构的问题进行较为系统的探讨。

在研究中，本书采用了理论分析和实证分析相结合的方法。首先，梳理和评述了现代主要资本结构理论、终极控制权私有收益、终极控制权结构影响目标控制公司资本结构和技术创新以及技术创新影响公司资本结构的相关文献。其次，在分析终极控制权结构特征的基础上，深入系统地剖析了终极控制权结构影响目标控制公司资本结构和技术创新的内在机理，从而为实证分析部分相关假说的提出奠定了理论基础。最后，本书收集了2014—2018中国沪深两市部分上市公司的相关数据，从终极控制权结构的本质特征（即两权偏离度）出发，在分析技术创新模式对两权偏离度影响公司技术创新投入的调节效应的基础上，研究了技术创新投入对两权偏离度影响公司资本结构的中介效应问题，以及技术创新模式对两权偏离度影响公司资本结构的调节效应问题。在方法上，选择了中介效应分析、调节效应分析、多元线性回归分析、面板回归分析、分组回归分析等多种方法。

第一，通过分析技术创新模式对终极控制权结构影响技术创新投入的调节效应，发现：两权偏离度与公司技术创新投入之间具有负向关系，随着两权偏离度的提高,目标控制公司的技术创新投入将会下降;技术创新模式对两者的负向关系具有调节作用,随着两权偏离度的提高,终极控制股东更偏好于目标控制公司进行探索式技术创新,相对于开发式创新企业,探索式创新企业的负向关系程度将会减弱。

第二,通过分析技术创新投入对终极控制权结构影响资本结构的中介效应,发现:技术创新投入的确是终极控制权结构影响公司资本结构的中介变量,两权偏离度的提高将致使目标控制公司技术创新投入下降,进而导致目标控制公司资本结构的上升,结果使得终极控制股东负债融资侵害行为变得更加隐蔽。

第三,通过分析技术创新模式对终极控制权结构影响资本结构的调节效应,发现:两权偏离度与公司资本结构之间呈现正向关系,随着两权偏离度的提高,目标控制公司的资本结构水平将会上升;技术创新模式对两者的正向关系具有调节作用,随着两权偏离度的提高,终极控制股东不愿意探索式创新企业进行过多的负债融资,相对于开发式创新企业,探索式创新企业的正向关系程度将会减弱。

目　录

第5章 技术创新投入对终极控制权结构影响资本结构的中介效应分析

第6章 技术创新模式对终极控制权结构影响资本结构的调节效应分析

第1章 引言

1.1 选题背景和问题提出

　　资本是企业最为基础、最为核心的资源,资本结构的选择和安排是企业一项重要的财务决策。自从 Modigliani 和 Miller(1958)提出资本结构无关性定理(即 MM 理论)以来,学术界对资本结构问题的研究就一直持续地进行着,从未间断。时至今日,资本结构研究领域已经出现了形式多样和内容丰富的研究成果,包括静态权衡、信号传递、啄食融资、市场时机、委托代理成本、控制权、产业组织等资本结构理论。以上理论从不同的视角对企业资本结构的影响进行了探讨和研究,都是以特定时代背景下的公司金融具体问题为研究出发点进行资本结构问题的讨论,也都形成了相对清晰的分析思路,并得到了较为可信、符合特定时代背景的观点与结论。不过直到目前为止,资本结构理论研究还没有形成一致的理论和分析模型(朱武祥 等,2014)。随着社会的进步和经济环境的变化,很多新现象、新因素和新情况正在不断地出现,并对资本结构产生着显著的影响,那么对于这些新视角、新因素、新现象、新问题,公司与企业是如何来合理地制定符合自身要求的融资政策,如何来科学地选择负债融资,负债融资决策机制又是如何运转的,这些问题依旧是公司金融研究领域和实务界十分感兴趣的新课题和新挑战。

　　现有的委托代理成本资本结构理论和控制权资本结构理论的相关研究

已经证明了资本结构与公司治理问题之间存在着内在联系,委托代理矛盾冲突能够影响公司资本结构。一方面,公司委托代理矛盾冲突会增加公司的经营管理成本,不利于企业健康发展。另一方面,由于各种融资方式都具有自身的治理效应,公司相关利益人会有目的地选择各种来源的资金来解决和改善公司具体的委托代理问题,从而降低委托代理成本、促进公司健康发展、提高公司市场价值。由此可见,公司治理因素能够对公司资本结构产生影响。

近年来,随着公司治理主要矛盾冲突的演变,公司治理因素与企业资本结构关系研究的重心也不断地发生着变化。第一阶段,主要是在股权高度分散的背景下从内部经营管理者和普通权益投资者之间的第一类委托代理问题入手以公司内部管理人员的视角来研究公司治理因素对资本结构的影响。第二阶段,随着公司治理主要矛盾冲突的不断演变,已有的研究发现除了少数发达国家以外,股权分散的情况并不是非常普遍,大多数国家上市公司的股权都呈现集中的趋势,上市公司一般都存在大股东、控股股东,而且这些大股东、控股股东在公司重大事项决策中都扮演着非常重要的角色,能够对公司的各项活动产生决定性的影响。在该阶段,公司治理的委托代理矛盾冲突主要表现为大股东、控股股东对普通权益投资者的侵害。这促使学术界开始从大股东、控股股东和中小权益投资者之间的第二类委托代理问题入手研究公司治理对公司资本结构的影响。第三阶段,在股权集中背景下,很多学者通过追溯公司控股股东控制链条后进一步发现,公司不仅存在控股股东,而且还存在着一个最终的控制股东,即终极控制股东(the ultimate controlling shareholder)。至此,公司治理的主要矛盾冲突已经转变为终极控制股东和中小股东之间的委托代理矛盾冲突。该阶段对终极控制股东和终极控制现象的发现为控制权资本结构理论的研究提供了新的视角和出发点,公司治理影响公司资本结构的研究重点也转向了终极控制股东对目标控制公司资本结构的影响。由此可见,在现阶段,以终极控制现象为视角研究公司治理对公司资本结构的影响将更具有时代意义。另外,已有研究表明,终极控制股东能够通过特殊的终极控制结构影响直接控制股东的行为,并通过直接控制股东影响着目标控制公司的重大经营决策(王化成 等,2007),同时企业的委托代理矛盾冲突所引发的公司治理问题能够影响企业技术创新(O'Connor et al.,2012),由此可见,终极控制股东特殊的终极控制权结构可能会对目标控制公司的技术创新产生影响。进一步看,按照产业组织资本结构理论,企业技术创新能够影响企业资本结构。技术创新需要资金支持,虽然技术创新企业存在融资约束,但在内源融资不能有效地支持技术创新的情况下,企业同样需要通过外源融资进行必要的资金补充。同时,因从事的研究和开发活动不同,异质性技术创新企业对外源融资的需求可能存在差异。由此可见,终极控制权结构不仅可以直接地影响目标控制公司的资本结构,而且还可能会通过影响目标控制公司的技术创新间接地对目标控制公司的资本结构产生影响,技术创新可能是终极控制权结构影响目标控制公司资本结构的中介变量;对于不同模式的技术创新企业,终极控制权结构影响目标控制公司资本结构可能会存在一些差异,技术创新模式也许会调节终极控制权结构影响目标控制公司资本结构的强度。

综上所述,有必要结合技术创新,对终极控制权结构影响目标控制公司资本结构进行更为细致、全面的研究和分析。

1.2 研究目的和研究意义

1.2.1 研究目的

本书探寻在技术创新中终极控制权结构影响目标控制公司资本结构的内在规律和微观机理。具体研究目标包括:首先,对终极控制股权结构影响目标控制公司资本结构和技术创新的内在机理进行系统的分析;其次,从技术创新投入视角探究终极控制权结构影响目标控制公司资本结构的中介效应问题;最后,从技术创新模式视角探究终极控制权结构影响目标控制公司资本结构的调节效应问题。

1.2.2 研究意义

1. 现实意义

从现实意义看,基于技术创新视角研究终极控制权结构影响目标控制公司资本结构的内在规律并分析中国的经验数据是十分必要的。

从1978年实施改革开放政策以来,历经了40多年的风风雨雨,中国经济已经取得了令世界瞩目的发展成就。然而随着经济发展的不断深入,近年来中国经济的内外环境已然发生了巨大的变化。一方面,全球经济持续动荡、竞争日趋激烈、矛盾冲突日益频繁;另一方面,维系中国传统经济发展模式的内外部条件正在不断地恶化,劳动力成本上升、人口红利下降、环境污染加剧等。在这种背景下,转变传统经济增长模式,鼓励创新发展模式,提高企业自主创新水平和能力,已经成为中国现阶段经济发展的新方向。

与此同时,已有研究表明,中国上市公司股权呈现高度集中的态势,公司所有者和公司内部经营管理者之间的第一类代理冲突并不严重(肖作平,2011);中国上市公司终极控制股东能够影响目标控制公司重大事项的决策(孙健,2008)。由此可见,终极控制股东与其他投资者之间的委托代理冲突已经是现阶段中国上市公司内部治理中的主要矛盾。特殊的终极控制权结构将诱使终极控制股东追求控制权私有收益,进而对目标控制公司进行隧道侵害。具体来看,终极控制股东可能会对目标控制公司的资本结构和技术创新产生不良的影响。那么,终极控制权结构究竟是如何影响目标控制公司的资本结构和技术创新的?技术创新是否是终极控制权结构影响目标控制公司资本结构的中介路径?针对异质性技术创新企业,终极控制权结构对目标控制公司资本结构的影响是否会存在差异?针对这些问题的研究和解答,对于完善中国的中小投资者保护制度、优化公司治理结构、监控终极控制股东的隧道侵害行为、促进企业合理地进行负债融资和技术创新、提高企业融资效率和技术创新效率等具有重要的意义。

2. 理论意义

从理论意义看,终极控制权结构影响目标公司资本结构的研究是控制权资本结构理论的新发现,以技术创新为视角,研究技术创新投入对终极控制权结构影响目标控制公司资本结构的中介效应问题和技术创新模式对终极控制权结构影响目标控制公司资本结构的调节效应问题具有重要的理论意义。

首先,有助于完善资本结构理论。从现有研究看,国内外学者多是就终极控制权结构与公司资本结构的关系以及技术创新与公司资本结构的关系开展研究,而综合考察技术创新、终极控制权结构和公司资本结构三者之间关系的研究还不多。本书在前人研究成果的基础上,突破了第一类委托代理问题和传统的第二类委托代理问题的研究范式束缚,分析了第二类委托代理问题下终极控制权结构对目标控制公司资本结构的影响和作用;尝试将公司控制权资本结构理论和产业组织资本结构理论结合起来进行分析。整体来看,本书不仅关注终极控制权结构对目标控制公司资本结构的直接影响,而且还重视技术创新对终极控制权结构影响目标控制公司资本结构的中介效应和调节效应,从技术创新的中介作用和调节作用这两个方面进一步地推进终极控制权结构影响目标控制公司资本结构的研究,具有一定的理论意义。

其次,有助于充实终极控制权结构影响目标控制公司资本结构的机理研究。本书不仅系统地梳理了传统研究中的终极控制权结构影响目标控制公司资本结构的传导机理,而且还从技术创新投入视角探究了终极控制权结构影响目标控制公司资本结构的传导路径,就终极控制权结构影响目标控制公司资本结构的影响机理进行了补充;同时,本书还进一步地丰富了终极控制权结构影响目标控制公司资本结构的异质性研究,探讨了不同技术创新模式企业的终极控制权结构影响目标控制公司资本结构的差异,拓展了该领域研究的异质性分析视角。

1.3 研究方法和研究思路

1.3.1 研究方法

（1）文献研究法和规范研究法。围绕技术创新中终极控制权结构如何影响目标控制公司资本结构，有针对性地进行了国内外相关文献的梳理和评价，最终形成了本书的研究主题和思路。在文献分析的基础上，运用规范研究方法对相关问题进行了必要的理论阐述，采用归纳演绎、抽象具体的逻辑方法对终极控制权结构的特征、终极控制权结构影响目标控制公司技术创新和资本结构的机理进行了全面、系统的分析，为实证研究中相关研究假说的阐释提供了必要的理论支撑。

（2）数理模型研究方法。在分析终极控制权结构影响目标控制公司资本结构时，运用了数理模型的研究方法，通过构造效用函数模型和约束条件，考察了在效用最优化条件下终极控制权结构影响目标控制公司资本结构的内在机理。

（3）实证研究方法。本书在以下三个方面进行了实证研究：首先，针对终极控制权结构影响目标控制公司技术创新投入进行分析，通过规范分析、多元线性回归分析、面板回归分析和分组回归分析，全面、稳健地对理论假说进行经验验证；其次，针对技术创新投入对终极控制权结构影响目标控制公司资本结构的中介效应进行分析，通过逐步回归法、Sobel 检验法，全面、稳健地对理论假说进行了经验验证；最后，针对技术创新模式对终极控制权结构影响目标控制公司资本结构的调节效应进行分析，通过多元线性回归分析、面板回归分析和分组回归分析，全面、稳健地对理论假说进行经验验证。

1.3.2 研究思路

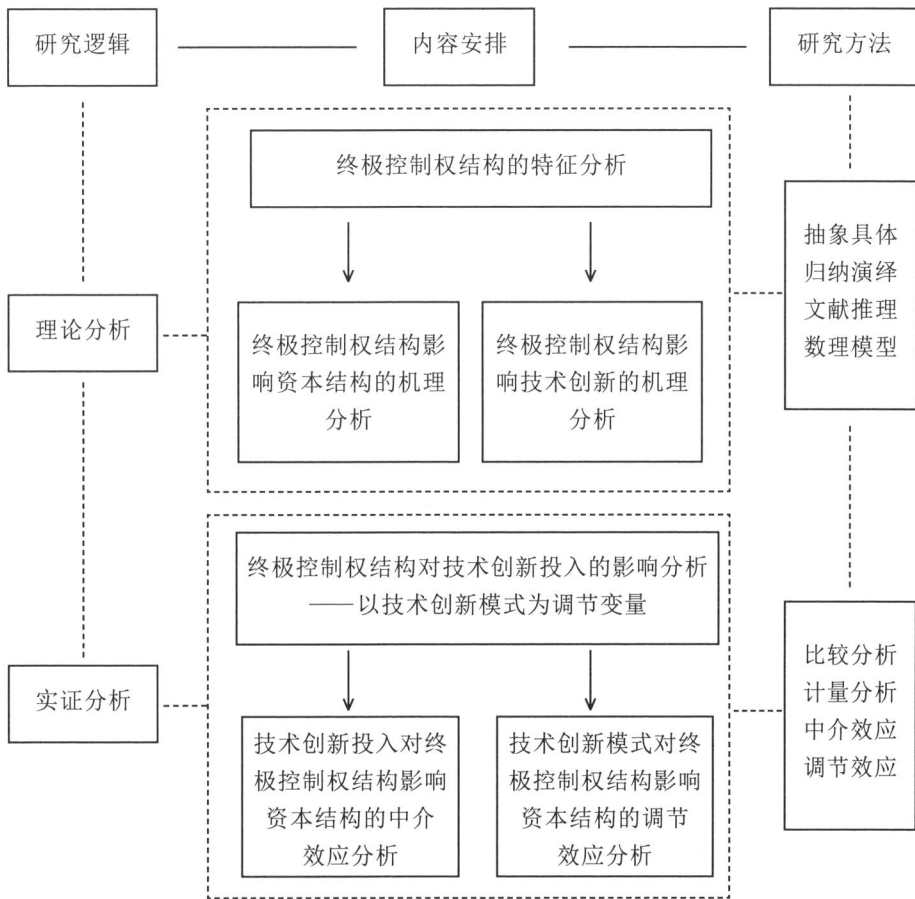

| 研究逻辑 | 内容安排 | 研究方法 |

终极控制权结构的特征分析

终极控制权结构影响资本结构的机理分析

终极控制权结构影响技术创新的机理分析

抽象具体 归纳演绎 文献推理 数理模型

理论分析

终极控制权结构对技术创新投入的影响分析 ——以技术创新模式为调节变量

技术创新投入对终极控制权结构影响资本结构的中介效应分析

技术创新模式对终极控制权结构影响资本结构的调节效应分析

比较分析 计量分析 中介效应 调节效应

实证分析

图 1-1 研究思路技术路线图

本书从两个方面进行了研究：

第一方面，进行了必要的理论分析。本书首先对终极控制权结构影响目标控制公司资本结构和技术创新的机理进行了阐述，从而为后文的实证分析提供了支持。正是由于独有的控制方式才形成了特殊的终极控制权结构，进而致使终极控制股东偏好于追求控制权私有收益，对目标控制公司进行隧道挖掘和利益侵害。结合本书研究问题看，为了从目标控制公司获取控制权私有收益,终极控制股东倾向于利用负债融资保证有效控制、扩大可控财务资源;抑制技术创新、进行不平衡的技术创新模式选择。

第二方面,进行了系统的实证分析。首先基于技术创新模式视角对终极控制权结构影响目标控制公司技术创新投入的调节效应进行了实证分析(实证1);其次,就技术创新投入对终极控制权结构影响目标控制公司资本结构的中介效应进行了实证分析(实证2);最后,就技术创新模式对终极控制权结构影响目标控制公司资本结构的调节效应进行了实证分析(实证3)。其中,实证1是实证2和实证3的研究基础和必要条件。正是因为终极控制权结构能够影响目标控制公司的技术创新投入,才使得技术创新投入可能成为终极控制权结构影响目标控制公司资本结构的中介变量;也正是因为针对不同的技术创新模式企业终极控制权结构影响技术创新投入的强度不同,才使得终极控制权结构影响目标控制公司资本结构的强度可能会产生差异。通过实证1、2、3的分析,本书从中介效应和调节效应两个方面揭示了在技术创新过程中终极控制股东对目标控制公司资本结构影响的内在规律。

1.3.3 研究内容

基于以上研究思路,本书研究内容安排为七章,具体设计如下:

第1章 引言。主要就背景、意义、方法、关键术语等进行了介绍。

第2章 相关文献回顾。首先,介绍了主要资本结构理论。通过梳理现代主要资本结构理论的动机、视角、思路和结论,理清了资本结构理论的发展脉络,为后文的理论分析和实证研究提供了支持和依据。其次,就终极控制权私有收益的内涵、侵占方式、影响因素的有关研究进行了文献梳理。最后,分别对终极控制权结构影响目标控制公司资本结构和技术创新、技术创新影响公司资本结构的有关研究进行了文献梳理。在了解现有研究成果和不足的基础上,得到了本书的研究视角。传统研究主要是从负债融资的治理效应角度出发分析终极控制权结构影响目标控制公司资本结构的内在机理,而从技术创新视角进行相应机理探讨尚未充分挖掘和证实。基于此,本书就技术创新、终极控制权结构影响目标控制公司资本结构的问题进行研究,试图揭示在技术创新活动中终极控制股东影响目标控制公司资本结构的内在规律。

第3章 终极控制权结构影响资本结构、技术创新的理论分析。首先,分析了终极控制权结构的特征。终极控制股东通过金字塔结构、交叉持股以及复式表决权股票的特有方式对目标控制公司实施有效控制,形成了两权偏离的特殊终极控制权结构,进而对目标控制公司进行隧道挖掘和利益侵害。其次,分析了终极控制权结构影响目标控制公司资本结构的内在机理。在特殊的终极控制权结构下,由于负债融资的相关治理效应对终极控制股东的约束作用有限,使其偏好于对目标控制公司实施负债融资侵害,在保证有效控制的前提下,追求更多可控制的负债资金。最后,分析了终极控制权结构影响目标控制公司技术创新的内在机理。从本质看,终极控制股东偏向于遏制目标控制公司的技术创新活动,而且会进行不平衡的技术创新模式选择,在两权偏离度提高的情况下,终极控制股东更偏向于目标控制公司进行探索式技术创新。以上理论分析为构建实证部分研究假说提供了理论依据,为技术创新投入对终极控制权结构影响目标控制公司资本结构的中介效应分析和技术创新模式对终极控制权结构影响目标控制公司资本结构的调节效应分析提供了必要的理论支持。

第4章 终极控制权结构影响技术创新投入的实证分析。在理论分析的基础上,运用了调节效应分析方法,以两权偏离度为终极控制权结构的代理变量,对技术创新模式、终极控制权结构影响目标控制公司技术创新投入进行了实证分析。结果显示,终极控制权和现金流权的偏离程度对目标控制公司的技术创新投入具有抑制作用;探索式创新企业的技术创新投入水平要高于开发式创新企业;同时,技术创新模式能够调节两权偏离度影响目标控制公司技术创新投入的强度。

第5章 技术创新投入对终极控制权结构影响资本结构的中介效应分析。在理论分析的基础上,运用了中介效应分析方法,以两权偏离度为终极控制权结构的代理变量,对技术创新投入、终极控制权结构影响目标控制公司资本结构进行了实证分析。结果显示,技术创新投入是两权偏离度影响目标控制公司资本结构的中介变量,终极控制股东可以通过改变目标控制公司技术创新投入隐蔽地对目标控制公司的资本结构产生影响。

第6章 技术创新模式对终极控制权结构影响资本结构的调节效应分析。在理论分析的基础上,运用了调节效应分析方法,以两权偏离度为终极控制权结构的代理变量,对技术创新模式、终极控制权结构影响目标控制公司资本结构进行了实证分析。结果显示,两权偏离度与目标控制公司的资本结构具有正向关系,随着终极控制权与现金流权偏离程度上升,目标控制公司的负债融资就会增多,其资本结构就会提高;探索式创新企业较开发式创新企业负债融资更少,探索式创新企业负债水平低于开发式创新企业;技术创新模式对两权偏离度影响目标控制公司的资本结构具有调节作用,随着两权偏离度的提高,探索式创新企业的两权偏离度和资本结构之间的正向关系程度会相对减弱。

第 7 章 研究结论和建议。该部分进行本书主要内容总结,并提出必要的政策建议,即加强上市公司信息披露、优化公司内部治理结构、继续加强公司控制权市场建设。

1.4 研究创新与研究局限

1.4.1 研究创新

本书的预期创新点主要包括以下几方面:

(1)融合公司控制权和技术创新两个视角对公司资本结构问题进行分析,有效地将公司控制权资本结构理论和产业组织资本结构理论结合起来,对资本结构理论研究做出了进一步的延伸。

(2)系统地阐述了终极控制权结构影响目标控制公司资本结构和技术创新的内在机理,对以往零星的相关研究进行了系统的梳理和概括,为终极控制权问题的相关研究提供了较为可靠的理论分析思路和依据。

(3)补充和完善了终极控制权结构影响资本结构的机理。首先,从技术创新投入视角分析了终极控制权结构影响目标控制公司资本结构的内在机理,规范地揭示了终极控制权结构影响目标控制公司资本结构的技术创新传导路径,对终极控制权结构影响目标控制公司资本结构的影响机理进行了补充;其次,从技术创新模式视角入手分析了终极控制权结构影响异质性目标控制公司资本结构的差异,丰富了终极控制权结构影响公司资本结构的异质性视角,完善了该领域的情景效应分析。

1.4.2 研究局限

第一,本书所采集的数据为平衡面板数据,并没有使用非平衡面板数据,可能会丢失可靠的样本、破坏样本的随机性,降低估计效率。同时受数据采集可得性所限,本书主要进行静态面板数据分析,没有进行动态面板数据分析,可能无法捕捉经济因素变化的惯性影响。

第二,本书的实证研究对象主要是中国上市公司,并没有包括中国非上市公司,实证分析的普遍性可能存在不足。未来研究中在非上市公司相关数据不断充实的背景下,可以将研究进一步拓展,使得研究成果的稳健性不断地提高。

第三,虽然在理论分析部分就终极控制权结构影响目标控制公司资本结构和技术创新进行了系统分析,但在实证分析中为了突出揭示终极控制股东最本质的特性,本书仅仅以两权偏离度来衡量终极控制股东的行为特征,忽略了对现金流权、终极控制权影响目标控制公司技术创新投入和资本结构的实证分析。未来可以继续从这两方面实证研究终极控制股东在技术创新中影响目标控制公司资本结构的内在规律,进而从不同侧面更加饱满地展现终极控制股东的行为特征。

第四,本书仅仅从资本结构入手分析终极控制权结构影响目标控制公司负债融资决策,没有从负债融资期限结构、负债融资效率等方面进行负债融资决策分析。在后续研究中可以通过不断地增加研究视角,从而更为全面地分析在技术创新中终极控制股东对负债融资决策的影响。

1.5 关键术语的界定

1.5.1 资本结构

企业资本主要通过以下三个方面获得:留存收益、负债融资和权益融资。留存收益来源于企业内部,是企业日常经营积累所得的一部分。留存收益的资金使用成本较低,没有显性成本。不过,留存收益规模往往有限,而且波动性较大,容易受到企业经营政策、市场环境和利润水平波动的影响。负债融资和权益融资都来源于企业外部,是企业通过金融市场筹集到的用于自身经营发展的资金。相较于留存收益,负债融资和权益融资的规模更大。首先,看负债融资。负债融资其实是在债务合同约定的各种事项下,债务人到期还本、定期付息而获取的资金。负债融资主要包括企业与相关经济主体之间的信用往来资金,既有公司债券,也有商业银行的信贷资金,还有企业之间的信用资金。虽然负债融资能够缓解公司经营发展所需要的资金缺口,并且有助于控股股东在保证控股地位不变的情况下增加可控的财务资源,但是定期付息、到期还本使得公司财务受到约束。另外,债权人为了保护自身权益不受影响,往往要求负债企业要具有良好的信用记录、坚实的资产抵押,而且经常会针对负债企业的各种经营管理决策提出附加条款,从而对企业经营管理施加外部约束。其次,看权益融资。权益融资,又被称为股权融资,主要是指通过在资本市场上发行股票的方式来筹集资金和获取资本,主要包括原始投资者投入的资金和增发配股所筹集到的资金。企业在获取权益资本的同时会出让相对应的企业产权,而且权益融资还具有剩余索取权,享有剩余收益权。相对于其他资金来源,权益融资规模更大、财务约束更小;但融资成本往往高于债务融资,同时会产生股权稀释效应,会影响原有股东的相关权益。由此可见,各种来源的资金都有各自的优势和劣势,企业应当按照自身需要和具体情况选择合适的资金、构建合理的融资结构,从而减少融资成本,利用财务杠杆实现企业价值最大化。

资本结构是企业资本的组成和相互关系,是指企业从多条内外部融资路径中获得的各种资本占总资本的比例,不同的筹资方式组合会使得企业资本结构发生变化。另外,各种来源的资本有长期和短期之分,广义的资本结构是企业全部资本的组合及其比率关系,狭义看资本结构是长期资本的组合及其比率关系,本书将使用广义的资本结构概念。衡量资本结构的具体指标有很多,比如短期负债/总资产、长期负债/总资产、总负债/总资产、负债、权益、权益/总资产,以上指标需要根据具体研究问题针对性地选择。本书主要研究终极控制股东的负债融资偏好,所以在指标选择时采用总负债/总资产来衡量目标控制公司的资本结构水平,分析企业所有负债占企业资金来源的比例构成,不区分是短期负债,还是长期负债。

1.5.2 终极控制股东

股东是通过向股份有限公司出资并获取股份的投资者。随着公司治理的主要矛盾从第一类委托代理关系问题转向第二类委托代理关系问题,终极控制现象便逐渐形成了,它是股权分散走向股权集中并继续深入推进的结果。在这一过程中,股东也逐渐经历了大股东、控股股东和终极控制股东的演变过程。

在股权集中的背景下,持有公司股份数量最多的投资者往往被称为公司大股东(或第一大股东)。如果公司所有股份能够实现同股同权,那么公司大股东便可以因其持股数量最多而具有较多的投票权。控股股东与大股东不一样,中国《公司法》对控股股东[①]的内涵已经做了具体的认定。控股股东应当是通过持有公司股票数量占绝对多数或者通过其他方式对公司重大决策产生决定性影响的股东。判断控制股东并不应当通过股东持有公司的股票数量来认定。一般而言,股份有限公司控股股东可以通过签署特定协议、向董事会

---

① 《公司法》(2018 年修订)规定控股股东是指其出资额或者持有股份占公司资本总额百分之五十以上的股东;出资额或者持有股份的比例虽然不足百分之五十,但享有的表决权已足以对股东会、股东大会的决议产生重大影响的股东。由此可见,控股股东要么持有公司股票数量能够占绝对多数,要么能够通过其他方式对重大事项产生决定性影响。

派驻特别代表、行使特别投票权等方式获得实际上的控制权。通过对大股东和控股股东的认定分析可以发现，公司大股东和控股股东并非完全一致。当公司大股东能够对公司重大决策产生决定影响时，便可以称为控股股东；如果大股东不能对公司的重大决策产生决定性影响，便不能称为控股股东。相反，即使股东持有相对少的股份，但是通过一些特定的方式方法对公司重大决策产生了决定性的影响，那么该股东便能称为公司的控股股东。终极控制股东是股权集中现象进一步演化的结果，是通过复杂的投资关系能够支配目标控制公司重大事项的投资者。依照相关规章①的认定，相较之大股东、控股股东，无论是否持有公司股票，终极控制股东必须是能够通过特定方式和复杂的控制链条关系来支配公司行为的投资者。

综合以上分析，大股东、控股股东和终极控制股东既有联系又有区别，在分析时应根据不同的背景和问题使用特定的概念，而不能混淆使用。

1.5.3 终极控制权

1. 公司控制权

公司控制权问题是从"经理革命"后开始逐渐被人关注的，并随着交易费用理论、管理成本理论和企业契约理论的引入而开始规范。公司控制权是相对于公司所有权、经营管理权而言的，对公司拥有所有权的主体，并不一定能够获得控制权。不过，对公司控制权内涵的认定至今还没有一个统一的标准和参照，学术界从不同的视角出发可以做不同的结论。现有的研究产生了很多的观点，比如任免公司董事（Berle et al., 1932）、决定企业经营方针和策略的权力（周其仁，1996）。进一步看，控制权有很多种分类形式。一方面，控制权可以分为形式控制权和实际控制权，前者一般源于所有权，典型的是股东大会所具有的公司重大事项的决策权；后者是实际作出决策的权力，一般由具有信息优势的主体获取。另一方面，控股权可以分为特定控制权和剩余控制权（Hart et al., 1990），前者是在合约约定事项下形成的控制权，后者

---

① 中国《上市公司章程指引》（2019 年修订）将公司的实际控制人认定为"虽不是公司的股东，但通过投资关系、协议或者其他安排，能够实际支配公司行为的人"。

则是未经合同约定而形成的控制权。

综合来看,本书认为控制权应当是对公司重大的经营管理活动实施控制性影响的权力,是一系列决定公司重大事项的权力集合,这些事项应当包括企业重大的经营决策、人事任免、财务政策决策等。无论是形式控制权、实际控制权,还是特定控制权、剩余控制权,都是决定公司以上事项的权力集合,区别仅仅在于包含的权力束不同而已,也就是说权力范围不同而已。

2. 终极控制股东终极控制权

基于控制权的界定,终极控制股东终极控制权(可以简称终极控制权)其实是终极控制股东决定目标控制公司各种重大事项的权力集合,体现了终极控制股东控制支配目标控制公司的能力。终极控制权越大,终极控制股东对目标控制公司的控制能力越强。众所周知,股权大小一般而言是按照投资者持有股份有限公司股份数量或者持股比例来加以确定。终极控制权是如何来测算并确定的呢?从现有文献来看,在学术研究中对于终极控制权的具体计算一般是采用 La Porta 等(1999)、Claessens 等(2000)研究中的定义和方法 —— 终极控制股东在各股权控制链条中最低持股比例之和,具体公式如下:

$$CR = \sum_{i=1}^{n} \min(r_{ij}) \tag{1-1}$$

式中,i,j 分别表示控制链条数和控制层级数,r_{ij} 是第 i 条控制链中 j 层的持股比例。

3. 终极控制股东现金流权

终极控制股东现金流权(以下简称现金流权)代表终极控制股东通过控制链条所享有对目标控制公司未来待分配利润的索取权。传统上,由于公司待分配利润一般是以公司股东所持股份多少作为依据,因此在学术研究中通常都是以股东(包括中小股东、大股东和控股股东)的持股比例来计算传统的现金流权的大小。然而与大股东、控股股东不同,终极控制股东是通过复杂的控制链条实现对目标控制公司重大事项的支配影响,所以对于终极控制股东而言,终极控制股东现金流权的测算必须要考虑终极控制链条的复杂性。从现有文献来看,对终极控制股东现金流权的具体测算一般是采用 La

Porta 等（1999）、Claessens 等（2000）研究中的定义：终极控制股东现金流权等于终极控制股东在股权控制链条中各层级持股比例乘积之和。终极控制权视角下现金流权的计算方法如下：

$$VR = \sum_{i}^{n} \prod_{j}^{m} r_{ij} \qquad\qquad (1\text{-}2)$$

式中，i，j 分别表示控制链条数和控制层级数，r_{ij} 是第 i 条控制链中 j 层的持股比例。

4. 终极控制权和现金流权的偏离

在第一类委托代理矛盾中，股权分散使得公司所有权和经营权相分离。与此不同，终极控制股东采用了特殊的股权投资方式，使得终极控制权与现金流权产生了不一致现象，前者往往会小于后者，由此学术界提出终极控制权与现金流权偏离的概念，即两权偏离。可见，两权偏离并非指所有权和经营权相分离，而是对终极控制权和现金流权相偏离现象的反映。

终极控制权和现金流权偏离的程度（即两权偏离度）是对终极控制权偏离现金流权的大小进行测算。该指标反映了终极控制股东的终极控制权和现金流权的不一致程度，两权偏离度越大，则说明两权分离水平越高，终极控制股东的控制能力越强，获取控制权私有收益和侵害目标控制公司的动机越大。在具体测算时，既可以采用终极控制权与现金流权的差值表示，也可以采用终极控制权与现金流权的比值表示。目前学术研究中普遍采用的计算方法是依据 Claessens 等（2000）研究中的定义：两权偏离度等于终极控制权与现金流权的比值（CV），如果现金流权与终极控制权完全相等，则该值为1，表明不存在两权偏离。

1.5.4 技术创新

1. 技术创新的概念

技术创新理论由创新理论发展而来。在经济学上，奥地利经济学家约瑟夫·熊彼特被视为创新理论的奠基者。他认为"创新"就是企业为了获得垄断利润发起一个相对于旧的不同的过程并取得相应结果，是企业家对于生产要素进行新的组合的过程，是一种新的生产函数建立的过程。一般而言，创新应当按照以下五种情况进行：第一种情况，发现新产品；第二种情况，运用新方法；第三种情况，形成新的市场；第四种情况，获得新资源；第五种情况，构建新的产业组织方式。综合以上五种情况，企业创新就可以相对应分为产品、工艺、市场、资源整合、组织五种类型的创新。这五种企业创新类型呈现出两种态势：一种是非技术创新，包括市场创新、资源整合创新和组织创新；另一种是技术创新，主要是指产品创新和工艺创新，还应当包含经过重大改进后的产品和工艺。

20世纪60年代后，创新活动的迅猛发展，使得技术创新的地位越发重要。傅家骥（1991）认为，随着"技术"概念的不断广化，理论研究和政策分析中的"技术创新"概念和熊彼特的"创新"概念逐渐吻合，技术创新应当包括：引入新的技术或工艺，开发新的或经改进的产品，开辟新的市场，获取原材料的新供给，采用新的管理方法与组织形式。Freeman和Soete（1997）认为技术创新包括新产品的销售或与新工艺、新设备的第一次商业化应用有关的技术、设计、制造、管理与商业活动等。

总体说来，技术创新概念的内涵和外延会随着时代的变迁、发展而不断地被丰富或调整，不同学者选择分析的角度不同也会形成不同的观点，莫衷一是、很难统一。不过最终看，技术创新终究还是围绕熊彼特所提出的企业创新的五种情况展开阐述，要么是针对非技术的创新进行定义，要么是针对技术创新进行定义，要么是进行综合的界定。在本书研究中，创新主要是指技术创新。

2. 技术创新的典型特征

技术创新是企业经营发展中一项重要的活动，是公司长期发展和持续增长的重要推动力量。技术创新具有自身特性，比如高收益、高风险、不断积累等，这些特性会使得终极控制股东对目标控制公司技术创新和资本结构产生影响。

1）技术创新的收益性

追求高收益是公司进行技术创新的根本目的。公司开展技术创新着眼点在于得到未来较高的利润回报，一旦技术创新所带来的最终产品获得市场认可，那么公司便能够获得较大增长的利润回报。

2）技术创新的风险性

造成技术创新活动高风险性的因素有很多,比如创新技术、创新资源、市场环境、创新周期等。首先,创新技术是技术创新的关键和核心,创新技术不合理、不成熟、有瑕疵都有可能导致投资项目的失败。其次,技术创新需要各种资源进行有效配合,如果创新资源受限便会降低技术创新成功的概率。创新资源主要包括财务资源、管理资源、人力资源。其中,财务资源必须要保证充足、持续和稳定,越是开创型的技术创新,对资金依赖性就会越高,所以公司要有能够满足技术创新所需要的资金融通渠道。再次,市场环境是技术创新成功的外部条件,能够从外部间接影响到技术创新的效果,比如市场竞争者能力出众、消费者消费理念的变化等都会影响技术创新效率。强有力的竞争者、多变的消费理念会增加技术创新的不确定性。最后,技术创新周期可以带来不确定性。技术创新往往周期较长,从研发设计到最终产品的形成,可能需要很长的时间才能完成。在这种背景下,任何内外部环境的变化,都会引发不利于技术创新的情况发生。以上这些因素的不确定性,要么使得技术创新失败,要么降低技术创新的效率,从而给技术创新带来了不确定性,增加了技术创新的风险性。

3)技术创新的积累性

首先,技术创新过程是一个长期、持续、不断积累的过程。一次成功的技术创新是不断积累完成的,一定是由多个技术创新阶段组合而成的,前一个技术创新阶段为后一个技术创新阶段提供充分的知识储备和技术支持。在技术创新的不同的阶段,不可能都取得重要的成果,很多阶段对创新产品形成的贡献很小,但又不能完全忽视。其次,技术创新资源需要不断地积累。技术创新是一种从长远看能够为公司发展提供持续动力的经营活动,公司一旦决定进行技术创新,要做好进行长期投入的准备,须持续、稳定、长期、大量地进行创新投入,既要为当前创新阶段提供必要的资源支持,也要未雨绸缪地为未来阶段的技术创新活动进行资源准备。最后,技术创新收益是不断地积累形成的,技术创新所带来的高收益并非立刻能够实现,技术创新的高收益回报和技术创新投入之间存在一个较长的时滞过程。在技术创新早期,创新活动并不能给企业带来直接的利润增加,只有不断地技术创新投入以便技术和产品成熟后,才能给企业带来实际利润增加。

4)技术创新的专用性

首先,技术创新中的资产专用性。专用型资产必须与特定环境、领域和使用方法相结合时才能体现其真实的价值,否则专用型资产将会因为不能物尽其用而遭受贬值。一方面,企业技术创新过程中会伴随着无形资产的产生,这些无形资产变现难度非常大,真实价值往往难以衡量;另一方面,企业技术创新过程中,很多有形资产(设备、仪器、固定资产等)都是针对特定技术创新活动而存在的,尤其是对于革命性创新活动中的特种设备,几乎不可能被其他企业所使用,具有很高的专用性。其次,创新型企业产品及售后服务具有专用性。对于企业的消费者而言,当其购买了技术创新所产生的产品后,其实就相当于对专用性资产进行了投资,技术创新企业必须在必要时向消费者提供专属的售后服务,从而保证消费者的利益不会受到损失。

5)技术创新的依赖性

首先,技术创新具有财务的依赖性。财务宽松是技术创新企业开展各种活动的基础。由于创新型企业有形资产薄弱、无形资产多,所以很难从外部获取资金支持;同时,技术创新活动需要持续不断的投入,加之创新收益的时滞,使得创新企业必须要保证充足的内部资金用以经营和公司发展。其次,技术创新具有信息的依赖性。技术创新需要信息的保密。技术创新过程中,创新企业为了保证自己的创新成果和专利不被他人无偿地占用、使用和模仿,往往会加强信息的保密,一旦这些信息被他人掌握,便会对创新企业造成不可估量的损失。不过,技术信息的保密往往会引起信息不对称问题,从而使得创新型企业的外部经营环境恶化。

第2章 相关文献回顾

2.1 主要资本结构理论的有关研究

1958 年，Modigliani 和 Miller 在经济学顶级期刊 *American Economic Review* 中发表了里程碑式的研究本书，提出了完美假说下的资本结构无关性理论（简称 MM 无税理论）。此后，现代资本结构理论便开始进入了快速发展阶段，在结合当时特定时代背景下的研究热点和研究范式后，学者们通过不断地放松资本结构无关性理论的若干假设条件，持续地推进资本结构理论的发展并取得众多卓越的成绩，形成了以静态权衡、信号传递、啄食融资、市场时机、委托代理成本、控制权和产业组织等为体系的资本结构理论框架。

2.1.1 MM 理论

1. MM 无税理论

MM 无税理论是在一系列严格的假设下①对企业如何投资、如何融资、融资活动如何影响企业价值等问题进行了探索。通过研究，Modigliani 和

---

① 基本的假设如下：没有税收存在；资本市场完美，无交易费用；不存在破产成本或财务困境成本；无信息不对称；公司的投资决策不受资本结构决策的影响；个人和企业的借款利率相同。

Miller 认为企业价值和资本结构无关；企业低成本的举债融资利益正好会被股票融资成本的上升所抵消，所以进行负债融资将不会降低企业加权平均资本成本，也不会增加企业的价值。针对这一观点，很多学者通过不同的方式进行了证明：Stiglitz（1974）采用一般均衡状态偏好模型、Rubinstein（1973）采用均值方差法都证明了 MM 无税理论的合理性。

不过由于过多、过严的假设，MM 无税理论并没有体现市场的不完善性，因此所得到的相关结论也备受质疑。但不可否认的是，MM 无税理论是现代资本结构理论的基础，它为其他资本结构理论的形成提供了参照标准。另外，在 MM 无税理论推导过程中，两位学者所提出的无套利分析思路更是在之后的研究中被普遍地应用到金融学资产定价分析中，大大推动了金融学研究的发展。因此，该理论在金融学研究和资本结构研究中具有非常重要的地位。

2. MM 公司税模型

在 MM 无税理论出现后，Modigliani 和 Miller（1963）建立了 MM 公司税模型。他们研究后认为在现实中由于债务利息能够在缴纳公司所得税之前扣减，从而不会造成公司现金流的损失，也就是说债务融资能够获得税收扣减的好处，具有减税作用[①]，从而使得企业价值得以增加。如果企业面对的所得税率较高，那么企业将会获得更多的税收好处、税盾优势更大。因此，在公司税存在的情况下，公司可以利用债务资金的减税作用来发行更多的负债提高企业价值，公司税越高，发行负债融资的回报也就越大。随后，Miller（1977）在 MM 公司税模型的研究基础上继续突破，在原有的假设条件下，将个人所得税引入模型进行了分析，建立了 MM 公司税与个人所得税模型（也被称为税差模型），丰富了税收因素对资本结构影响的研究。之后，DeAngelo 和 Masulis（1980）将非债务税盾[②]融入 Miller（1977）的税差模型，发现了更为丰富的结论。一方面，在非债务税盾充足的情况下，企业完全不用通过债务进行融资而获得节税的好处；另一方面，只有在非债务税盾使用完毕后才会选择债务融资。

---

①减税作用，有时也被称为避税作用、税盾作用，特指负债的利息计算税收应缴额之前扣除。
②非债务税盾一般包括折旧、石油耗尽津贴、投资税贷项等非现金支出。

2.1.2 静态权衡资本结构理论

MM 公司税模型认为负债具有节税效果，可以给企业带来免税利益，但它仅仅关注了负债融资的正面作用，却忽略了负债融资所带来的负面影响。负债融资最大的特点就是定期付息、到期还本，在不确定经营状态下，不合理的负债结构可能会引发财务风险，进而导致负债企业财务拮据成本[①]提高。静态权衡资本结构理论认为，在一定条件下[②]，资本结构是负债融资的节税利益和财务拮据成本权衡的结果。在临界点之前，负债融资的节税效应发挥作用；在临界点之后，财务拮据成本显著增加，成本增加所带来的负面作用可能会抵消负债融资的节税利益；只有在边际利益和边际成本相等时，企业价值才会最大，资本结构才会最优。由此可见，企业进行融资决策时，应在节税利益和财务拮据成本之间进行权衡，最终确定合适的负债比例和权益比例。同时，该领域研究也发现财务拮据成本的存在可能会对公司融资行为产生两类影响：①企业经营风险与负债融资负相关；②公司拥有变现能力较强的有形资产越多，越能利用负债进行融资。

2.1.3 信号传递资本结构理论

信号传递资本结构理论认为，企业之外的经济主体依据企业的各种行为逐渐减弱信息的不对称程度；优质企业为了展现自身价值优于劣质企业，会向企业之外的经济主体不断地发出反映企业内部信息的融资政策信号；外部投资者在获悉这些信息后会作出正确的决策。由此可见，资本结构可以反映出企业获取收益能力和经营不确定的信息，高负债往往意味着企业价值越高、盈利能力越强，企业价值、盈利水平与企业负债水平正相关。

Leland 和 Pyle（1977）和 Ross（1977）在这一领域的研究具有代表性。Leland 和 Pyle（1977）认为在一定条件下，优质公司的管理人员会通过更高

---

①财务拮据成本，一般指当财务拮据发生时，即使最终企业不破产也会产生大量的额外费用或机会成本。例如资金调配成本、监督管理成本、破产法律诉讼成本等。

② 这些条件一般包括：存在显著的杠杆相关成本，如破产成本、债务的代理成本和非债务税盾的损失；权益收入免税；债权人的边际税率会比公司税率更低。

的负债传递公司高质量的信息,企业价值与财务杠杆正相关,同时对于较高负债的公司,管理层往往拥有较多的公司股份。Ross(1977)是从企业破产成本角度进行资本结构信号传递分析的,他认为如果劣质企业效仿优质企业的行为进行负债融资,那么可能会使得其传递虚假信息的收益低于其面临的各种成本,结果导致企业破产风险加大,企业价值降低。一般而言,优质企业比劣质企业发行更多的负债。

2.1.4 啄食融资资本结构理论

Myers(1984)从信息不对称视角出发提出了啄食融资理论。该理论反映了在信息不对称的背景下,资本结构选择与新项目投资之间的关系。Myers(1984)认为通过发行股票为新项目融资时,容易发生逆向选择问题,优质企业容易受到低质企业的模仿而造成股票价格被低估,进而造成原有股东受损,使得原有股东放弃部分项目(甚至在净现值为正的情况下也不例外),这便会产生投资不足的现象。在这种情况下,为了保障投资项目的顺利进行,如果企业需要进行融资,应当按照信息不对称影响的顺序进行选择,尽量先选择使得企业错误定价小的证券进行项目融资。其实,啄食融资资本结构理论表明了资本结构安排应当与融资成本相关,应当尽量选择融资成本小的融资方式。

2.1.5 市场时机资本结构理论

市场时机理论(有时也被称为机会窗口理论)主要从市场效率角度来研究资本结构相关问题,研究企业在何种市场环境下进行融资选择。在该理论看来,公司资本结构其实是资本市场定时累积的结果。在有效的资本市场下,证券价格是企业价值的最好反映,任何通过发现定价错误而进行的融资行为都是无效的。但现实中很明显不存在完全有效的资本市场,定价错误是市场普遍存在的现象。在定价错误的情况下,如何在非有效的市场中进行资本结构安排和设计就将成为资本结构理论研究的方向。市场时机资本结构理论认为,企业往往会利用证券价格波动在股票价值不断上涨时发行股票,在股票价格持续下跌时,开始回购公司股票;对于负债融资而言,如果市场基础利率水平不断上升,那么企业将减少负债融资,在经济过热时,企业一般会减少负债融资规模。

2.1.6 委托代理成本资本结构理论

委托代理问题的产生源于企业两权分离（Berle et al., 1932），即所有权和经营权的分离，由此产生了企业的所有者和经理层的矛盾冲突（即第一类委托代理冲突矛盾）。Jensen 和 Meckling 于 1976 年首次将委托代理问题引入资本结构理论，这是公司治理问题与资本结构问题的一次有效的结合。他们发现并总结了委托代理成本有两类，即股权代理成本和债权代理成本，并且认为负债融资能够有效地缓解公司股东和经理层的委托代理冲突。

首先，公司内部经营管理者与公司股东之间因追求的最优目标不同而产生对抗和冲突后引发了股权代理成本，具体表现为以下两方面：其一是额外津贴效应。一般来看，公司内部经营管理者在不能通过股权收益获得足够回报后，往往会转而追求额外津贴的方式进行公司资源的侵占；他们在付出极少代价的情况下，便可以轻易地获得全部额外津贴的好处。这种行为明显和公司股东的最优目标不一致，从而产生了对抗和冲突。同时，内部经营管理人员也会因持股较少而降低工作能动性[1]，偷懒行为增加。内部经营管理人员持股越少，工作懈怠的情绪越高，双方冲突越大，弥补成本就会越高，那么公司价值下降越大。其二是过渡投资效应。当公司拥有较多的自由现金流时，内部经营管理人员可能不会顾及投资项目的净现金流收入现值对投资决策的影响，即使产生负的净现金流收入，他们也会为了实现自身最优目标而进行投资，尤其是当企业投资机会较少和自由资金较多时，这种过渡投资行为更为严重。负债融资能够有效地缓解股权代理成本[2]。一方面，负债融资具有硬性约束作用[1]，负债需要还本付息，同时还会伴随经营约束和财务约束，使得内部经营管理层不能随意地使用自由现金流进行过度投资，也不能够随意地侵

---

① Jensen 和 Meckling（1976）认为，较低工作能动性主要体现在，经理层减少了勇于开拓、敢冒风险和甘于奉献的创造性活动的动力，这可能是外部股权代理冲突的根源。

② 缓解股权代理成本，不仅仅只有负债融资一种渠道，还有其他的渠道和手段：管理者持股或期权计划。内部和外部的公司控制，内部控制机制包括董事会，大股东等；外部控制机制的一个例子是公司控制权市场。

占额外津贴；另一方面，负债融资具有声誉效应，潜在的破产风险使得内部经营管理者减少额外津贴的获取，更有效地经营和管理公司，与股权投资者尽量保持一致，从而保证了自身声誉。由此可见，股权代理成本越大，公司越可能进行负债融资。

其次，债务代理成本一般是公司股东与债权人之间因追求的最优目标不同而产生对抗和冲突后引发的成本。公司股东与债权人的冲突主要是由于三种效应引起的——直接转移财富、资产替代（又称风险转移效应）、投资不足。第一，直接转移财富主要表现为负债企业股利增加或者发行更高优先权的负债，从而危及原有的债权人利益。第二，资产替代效应表现为公司股东将债务融资投向高风险项目以期获得高额利润。如若项目失败，债权人可能会承受较大损失；如若项目成功，公司股东将会获得更多的收益，至此，公司股东更愿意使用债务融资进行高风险项目投资。从债权人角度出发，资产替代效应将使得他们减少对公司的资金支持。第三，投资不足是指如下情形：企业进行投资会受到一些债务因素[②]的影响，一方面，当出现净现值为正的项目时，偿债能力较差的公司会因为无法及时偿还债务利息和本金而放弃该项目；另一方面，当出现净现值为正但小于或等于负债融资成本时，公司股东不能从这一项目投资中获得收入，全部利润都由债权人获得，所以公司股东不愿意进行投资。尤其是在高负债（过度负债）的情况下，企业破产风险加大，企业更不愿意进行任何项目投资（包括净现值为正的项目），企业股东不会轻易地进行项目投资，结果更易产生投资不足的问题，当债权人获悉了以上这三种效应后，往往会要求负债企业提高债券利率，或者调整负债契约[③]来加以缓和。

2.1.7 控制权资本结构理论

20世纪80年代，公司控制权分配和争夺成为公司治理研究的重点，从

---

①有时也被称为负债融资的纪律作用。
②企业债务的余额、现有负债的期限结构以及新增负债。
③可以采取几种形式：增加限制条款调整契约；通过有形资产的担保使负债获得安全性；发行可转换债券或具有保证条款负债；缩短负债到期日。

控制权角度研究资本结构问题开始成为一种尝试,产生了控制权资本结构理论,该理论是公司治理问题与资本结构问题的又一次结合。控制权资本结构理论认为,企业在进行控制权分配、争夺时,负债和权益安排能够影响企业的投票权和并购结果,企业的相关利益人可以依据自身利益作出最优化的负债融资安排,从而影响企业的资本结构。

Harris 和 Raviv(1988)模型认为在控制权争夺过程中,最优的资本结构是由内部经营管理者的期望效用最大化决定的。因此,内部管理人员会权衡控制权私有收益的损失和股利收入增加,从而实现最优的股权持有份额,而内部管理者的持股份额是由负债融资间接决定的[①],从而可以进一步推出最优的资本结构。成功的收购一般不会进行负债;不成功的收购往往会伴随更多的负债;代理权争夺中需要进行负债;在位者的能力越强,将会发行越少的负债。Stulz(1988)模型也认识到通过财务杠杆的增加能够增加经理层的持股比例,与 Harris 和 Raviv(1988)模型不同,他认为在并购活动中,被收购企业的最优资本结构会受到消极投资者的收益最优化影响。收购方接管概率与管理层持股比例反向变动,收购方负债与管理层持股比例同向变化,基于此可以推出以下结论:①消极投资者通过接管活动获得的收益与杠杆比率正相关。②被收购企业面对不友好收购时往往会进行较多的负债融资。Israel(1991)的模型与前述的 Stulz(1988)模型一样,都认为债务融资水平提高可以使得被收购企业的权益投资者收益提高,同时也可以减少并购活动成功的概率。不过在整个传导路径分析时两者是不一样的。他们认为最优的资本结构应该是被收购企业股东通过提升资本结构而增加收益和收购企业的收益减少而降低并购概率之间进行权衡而得出的,最优的负债水平与收购者的谈判能力正相关。Aghion 和 Bolton(1992)的控制权分配模型突破了原有研究仅仅关注不同融资方式的收益索取权对控制权争夺的影响,转而研究不同融资方式的控制权安排,这对控制权资本结构理论具有重要的影响。他们认为不同的融资结构安排反映了控制权在不同融资主体之间的选

---

①在位者有固定数量的财富(原始股票),他可以通过让公司从消极投资者手中回购股票来增加他的股份,回购资金来源于发行债券。

择,当自身财务受到约束时,那么将控制权转移给另一方是最优的,否则就会出现无效率的结果;当管理者的收益目标函数与社会目标函数相符合时,由内部管理人员获得控制权最优,这时可以采用优先股进行融资;当外部投资者的收益目标函数和社会目标函数相符合时,外部投资者获得控制权最优,这时企业应当采用普通股融资;当管理者的收益目标函数、外部投资者的收益目标函数和社会目标函数不相符合时,相机转移控制权是最优安排,那么负债融资必然存在。

2.1.8 产业组织资本结构理论

20世纪80年代,公司金融学与产业组织学开始贯通,从企业战略、企业利益相关者角度研究资本结构的相关影响因素及最优水平受到理论界的重视。整体看,产业组织资本结构理论应当包含以下两个方面:一方面,研究资本结构和企业战略;另一方面,研究资本结构和企业利益相关者[①]。

1. 资本结构和企业战略

Jensen和Meckling(1976)所提出的委托代理成本资本结构理论其实已经涉及资本结构和企业战略的关系。两位学者从资本结构安排入手研究企业经营管理行为和企业战略的关系,认为负债融资具有过度投资效应,由此可见,企业资本结构会影响企业投资决策,进而影响企业的战略决策。

进入20世纪80年代后,学者们开始关注企业战略(包括价格安排、产量安排等)如何对资本结构产生影响。该领域基础性的研究是由Brander和Lewis(1986)提出的。他们认为,融资结构安排实际上是企业市场态势判断和竞争战略选择的结果。负债融资的增加会导致公司股东追求风险性战略,在有限责任效应下通过负债融资进行高风险的产量竞争战略,结果企业杠杆增加、产量增加、价格下降。Showalter(1995)进一步延伸了有限责任效应,提出了价格竞争模型,发现如果在产品市场中企业间进行价格竞争,有限责任效应会诱使企业及其竞争对手在杠杆增加后提高价格。

---

①也有些学者称之为利益相关者共同投资理论。

2. 资本结构和利益相关者

资本结构利益相关者理论关注企业相关利益人的行为决策对企业资本结构的影响。不合理的资本结构会引起企业经营、管理发生潜在风险,从而损害企业利益相关者的权益。对于利益相关者重要的企业,其负债水平往往较低。该领域研究得到了很多有用的结论:生产重要产品[①]的企业应具有更少的负债(Titman,1984);谋求提高谈判能力的公司,负债往往越多;产品或服务的专用性越强,应拥有越少的负债(Hart 和 Moore,1995)。整体而言,企业破产对相关利益人所造成的损失会促使利益相关者重要的企业减少负债融资。

2.1.9 文献评述

从 MM 理论诞生以来,现代资本结构理论不断地补充、拓展,已经形成了丰富的理论体系。静态权衡资本结构理论表明公司最优资本结构会受到税收和相关成本两方面因素的影响;委托代理成本资本结构理论说明负债融资是解决股权代理成本的重要手段;信号传递资本结构理论表明优质企业要通过发行负债体现公司价值;啄食融资资本结构理论揭示了在新项目投资中融资决策的安排次序;市场时机资本结构理论从市场非有效的角度,研究公司如何在资本市场波动中进行资本结构安排;控制权资本结构理论展现了在控制权争夺过程中,相关利益人在追求最优化行为中如何影响企业进行资本结构选择;产业组织资本结构理论主要揭示了负债融资与公司战略、相关利益人诉求之间的关系。以上理论都是在特定背景、条件和假设下得到的,甚至同样的一个因素对负债融资影响都会具有不同的结果,因此进行具体问题研究时,要把握好具体条件进行分析,抓主要矛盾和主要问题。

另外,控制权资本结构理论的传统研究虽然揭示了在不完全契约背景下公司控制权在公司并购活动和资本结构安排中的重要性,但是受特定时代背景所限,传统研究在分析控制权和资本结构的关系时都是以第一类委托代理矛盾冲突为出发点的,忽略了终极控制股东对目标控制公司控制权的影响,没

[①]一般而言,重要产品企业往往会生产独特或耐用产品,而且这些产品往往会配套完备的售后服务。

有能考虑第二类委托代理冲突下公司控制权和资本结构之间的关系。1999年,La Porta 等发现上市公司的控制权在很多国家均是由终极控制股东所有,内部管理者只是代言人而已,所以企业资本结构必然会受到该类股东决策的影响。由此出发,控制权资本结构理论逐渐转向终极控制视角进行研究。

2.2 终极控制权私有收益的有关研究

一方面,终极控制现象是公司治理矛盾冲突不断演进的产物,在经历了第一类委托代理冲突矛盾和第二类委托代理冲突矛盾后,终极控制权现象便产生了。另一方面,终极控制股东最根本的目标在于追求控制权私有收益,终极控制股东在特殊的控制权结构下,既有追求控制权私有收益的动机,也有追求控制权私有收益的能力。为了获取更多的控制私有收益,终极控制股东会竭尽所能地利用各种方式和途径对目标控制公司进行利益侵害,从而对目标控制公司经营和管理的各个方面产生负面影响,最终恶化目标控制公司的绩效和价值。可见,终极控制权私有收益是终极控制权现象研究的关键。所以,研究终极控制权问题必须从公司治理矛盾的演变和终极控制权私有收益的理解开始。

2.2.1 公司治理矛盾与终极控制现象

1932 年,经济学家 Berle 和 Means 在合著的论著中正式规范地提出了股权分散和两权分离[①]问题。该问题的提出得到了学术领域的广泛认可,并被作为研究范式长期应用于企业问题的研究。Berle 和 Means 研究发现现代公司制度下的公司股权会分散于很多股权投资者中,公司的所有权属于股权投

---

① 此处两权分离是指企业所有权和经营权相分离,与两权偏离(即终极控制权和现金流权偏离)不同。后文中两权分离的具体含义,应根据上下文内容确定。

资者,而经营管理权实际上是由公司内部的经营管理者掌握着,这便产生了两权分离问题。由于个体能力单薄,普通股权投资者既没有能力也没有精力直接地参与公司经营管理活动,他们往往会使用"搭便车"和"用脚投票"的方式来表达自己的意见和看法,从而使得股东对公司的运营管理很难产生重要的影响。与此同时,公司内部经营管理者拥有信息和管理的优势,他们对公司往往拥有较强的管控能力。出于自利考虑,内部经营管理者可以通过各种手段侵害股权投资者的利益,结果引发了股权投资者的自保行为,最终造成了公司经营和监督管理成本的增加,公司整体价值未能实现最大化。由此可见,在股权高度分散的背景下,公司治理的核心问题和主要矛盾应当在于公司所有者和公司内部经营管理者之间的委托代理冲突矛盾,即第一类委托代理冲突问题。为了缓解股权投资者和内部经营管理层之间的利益分歧、完善公司治理、保护股东的合法权益不受侵害,学者们以两权分离和股权高度分散为出发点,在第一类委托代理问题的基础上对公司经营管理中的各种问题进行了全面的分析和研究。

进入 20 世纪 80 年代,很多研究发现公司股权结构不再是像以往一样呈现普遍分散的状态,而是向着集中化方向转变(Shleifer et al.,1997;Faccio et al.,2001;Claessens et al.,2000)。例如,在美国的大公司中股权普遍集中,而且存在家族控制(Morck et al.,1988),在财富 500 强公司中大多数公司至少有一个大股东持有 5% 以上的股权,大股东平均持股比例达 28.8%(Shleifer et al.,1986)。在股权集中的背景下,从股权投资者中演化出一类特殊的主体,他们要么是持有公司股票数量最多的股权投资者(即大股东),要么是对公司经营管理的重大事项具有决定性影响力的股权投资者(即控股股东)。而且这些大股东、控股股东一般都会追求"隧道挖掘(tunneling)"(Johnson et al.,2000),用隐蔽的方式掏空公司。由此可见,该阶段公司治理的核心问题和主要矛盾已经不是传统的企业所有者和内部经营管理者之间的第一类委托代理冲突问题,而是大股东、控股股东与中小股东之间的第二类委托代理冲突问题。大股东和控股股东不仅可以通过所持有的股份享有正常的收益份额,而且还可以依靠自身的控制能力通过掏空行为、攫取行为、隧道挖掘获得控制权私有收益(Grossman et al.,1988)。为了缓解中小股东和大股东、控股股东之间的利益分歧,完善公司治理,保护中小股东的合法权益不受侵害,学者们以股权集中为出发点,在第二类委托代理问题的基础上对公司经营管理中的各种问题进行了全面的分析和研究。

进入20世纪90年代后期,随着股权集中化现象进一步演化,公司股权、控制权配置结构和公司治理的主要矛盾问题又进一步发生了变化。在大股东和控股股东控制结构下演变出一类更为特殊的现象,即控制股东所掌握的控制权和现金流权不一致,即"控制权和现金流权的偏离(the separation of control and cash flow right)"(Bebchuk et al.,1999)。同期其他研究者也有了相似的发现,La Porta等(1999)通过对全球20多个典型国家公司的股权结构进行了比较研究,发现大多数国家(尤其是在新兴经济体)现代公司中存在着终极控制现象。终极控制现象的发现改变了在股权分散、传统的股权集中背景下对公司股权结构的分析模式,不再仅仅关注内部经营管理者和控股股东,同时也在通过层层追溯公司控制权关系,不断地挖掘终极控制股东,重新揭示了公司的股权结构特征。这标志着公司治理领域对于所有权与控制权问题的研究进入了一个全新的时代,公司治理的主要目标开始转向如何约束和规范终极控制股东的行为,减少矛盾冲突,保护包括中小股东在内的其他股权投资者的合法权益不受侵害。

此后,学者们在不断地夯实终极控制现象基本概念和特征的基础上,对公司经营管理的相关问题进行了全面的分析。整体来看,相关研究可以划分为两个方面。一方面,进行终极控制权现象对公司经营管理的利益侵害研究(包括融资决策、投资决策、股利决策、管理决策等)。例如,刘星和窦炜(2009)基于控制权私有收益对目标控制公司非效率投资行为进行研究,发现对目标控制公司而言,过度投资和投资不足两种非效率投资行为同时存在。孙永生和陈维政(2015)研究发现终极控制权影响高管薪酬激励方式的选择。另一方面,进行终极控制权现象与公司经营绩效和价值研究。Claessens等(2002)研究发现东亚地区超过三分之一的公司被单一控股股东所控制,而且存在严重的控制权与现金流权偏离的现象;终极控制股东现金流权能够促进目标控制公司价值的提高,而终极控制股东两权偏离度对目标控制公司价值具有负面作用,减少了目标控制公司的价值。刘芍佳等(2003)、叶勇等(2005)较早地对中国终极控制权现状进行了分析,并按照终极控制股东性质对目标控制公司绩效的影响进行了分析,发现中国上市公司存在现金流权和控制权分离的现象,政府间接控制公司的绩效表现要好于政府直接控制的公司。甄红线等（2015）围绕终极控制权结构对目标控制公司的绩效进行了研究,发现两者之间呈现正向关系。这些研究表明终极控制现象在中国也普遍存在,第二类委托代理问题同样是中国公司治理的重要矛盾,现阶段这一矛盾会对中国公司经营、管理等多个方面产生重要的影响。

2.2.2 终极控制权私有收益的有关研究

终极控制股东对目标控制公司的利益剥夺问题,是基于终极控制权结构的角度分析公司相关问题的关键。在终极控制背景下,普通的权益投资者对企业的影响将进一步弱化,公司控制权隐性授让于终极控制股东,终极控制股东依靠特殊的终极控制权结构能够对公司经营管理中的重大事项进行有效的掌控,对公司经营决策、组织管理、战略规划、经营绩效等各个方面进行利益侵害,最终实现控制权私有收益。由此可见,终极控制权私有收益是终极控制权相关问题研究的关键。

1. 控制权私有收益的内涵的界定

Jensen 和 Meckling（1976）认为控制权私有收益可以分为货币性和非货币性私有收益。而 Grossman 和 Hart（1988）进一步分析认为,控制权收益包括控制权共享收益（shared benefit of control）和控制权私有收益（private benefit of control）。首先,前者是控制股东经过勤奋工作创造的并能够被全体股东共同享有的公司价值增值,通常体现为从公司获得的现金股利收益或者公司股票价值的提升,是补偿并激励实际控制股东提高公司价值而产生的控制权收益。其次,后者是控制股东通过有效的控制权利用特定的手段获取的公司其他股东无法享有的额外收益,是侵害中小股东、损害公司利益的控制权收益,该收益能够导致公司价值下降。控股股东为了实现自身利益最大化,往往会背离公司整体目标,寻求隧道侵害,利用控制权得到独享的控制权私有收益。

从国内学者研究看,刘少波（2007）将控制权私有收益定性为控制权成本补偿的控制权收益和作为大股东侵害的超控制权收益。冉戎和刘星等（2009，2010）将控制权私有收益区分为"合理控制权私有收益"和"超额控制权私有收益",前者对实际控制股东起到激励作用,后者可能会减少公司价值。

2. 控制权私有收益的获取形式和影响因素

1）控制权私有收益的获取形式

终极控制股东为了追求控制权私有收益，会通过各种方式和途径来进行利益掠夺和隧道挖掘，Johnson 等（2000）指出控制股东利益掠夺的方式：第一种形式是公司资产转移行为，主要包括关联交易、占有企业投资机会、在职消费、资金占用、变更企业资金投向、提供担保等行为；第二种形式是公司非资产转移行为，包括发行非稀释性股票、渐进式收购、逼走小股东、内幕交易等行为。在第一种形式下，控制股东能够直接地取得公司资产，并实现控制权私有收益；而在第二种形式下，控制股东并没有直接获取公司资产，而是通过一定的方式或者是提高了控制股东的控制能力，或者是利用控制地位获得了非公司控制的资产。所以，控制股东侵占其他投资者权益、获取私有收益的主要手段严格看应该包括公司资产转移行为和获得非公司控制资产的非资产转移行为。

2）控制权私有收益的影响因素

控制权私有收益的获得往往会受到一些因素的影响，很多学者从不同方面进行了详细的研究。从国外相关文献研究看，La Porta 等（1999）、Dyck 和 Zingales（2004）都认为保护中小股东的相关法律制度是影响控制权私有收益的重要因素，两者呈现负相关关系。除此之外，行业特征（Dyck et al.，2004），股权集中度（Filatotchev et al.，2001）、企业规模（Barclay et al.，1989）、自由现金流（Jensen，1986）也都能够影响控制私有收益。国内相关文献研究认为，控制权私利与公司业绩负相关（余明桂 等，2006），与公司规模之间存在正相关关系（吴冬梅 等，2012），与股权制衡度存在负相关关系（吴红军 等，2009），与股权集中度正相关（杨淑娥 等，2008）。另外，姜毅和刘淑莲（2011）的研究发现独立董事无法发挥抑制控制权私有收益的作用。郭海星和万迪昉（2010）研究认为政府干预会影响大股东控制权私有收益的获取。

2.2.3 文献评述

从控股股东角度看，控制权收益一般而言是实际控制人[①]在获取控制权后利用各种手段和途径获得各种利益,其中既有合理的收益,也有超额的收益。这些超额收益往往是其他企业相关利益人所不能获得的,比如占用公司资产、过度的在职消费、高额薪资、内部交易、关联交易、特别股利的发放、安排自己的亲属或亲信担任要职、精神收益等。虽然在理论上能够有效地区分合理的、补偿的控制权私有收益和超额的控制权私有收益,但是在现实中不可能有效地进行量化区分,尤其是在实证研究中还没有合理的方式进行两种收益的有效计量。从另一方面看,合理的控制权私有收益和超额的控制权私有收益,无论大小、合理性,其实都是在非正常渠道下获得的利益,会给中小投资者带来损害,只不过前者是被中小权益投资者认可的、可以接收的控制权私有收益,而后者是不被认可的控制权私有收益。因此,本书将控制权私有收益认定为实际控制股东(包括终极控制股东)对通过目标控制公司所获得的而其他股东所不能获得的各种收益,既有货币性的收益,也有非货币性的收益,既有弥补控制权成本的收益,也有超控制权收益。

文献梳理发现,法律制度、政府干预、行业特征、企业规模、股权结构、股权制衡度、独立董事、公司业绩、自由现金流等都能够影响到控制权私有收益的获取。不过,学者们在分析中大都是从大股东、控股股东角度进行的,还没有深入现阶段公司治理的主要矛盾。对终极控制股东而言,真正影响其获得控制权私有收益的特有因素应当是特殊的终极控制权结构。Claessens 等(2002)认为终极控制权结构可以实现终极控制权和现金流量权的偏离,控制权私有收益与两权偏离度正相关。由此可见,在分析终极控制股东为了追求控制权私有收益所进行的侵害行为时,应当从终极控制权结构分析出发,从根本上把握终极控制股东的行为特征。本书将在阐述终极控制权结构特征的基础上,对终极控制权结构影响资本结构、技术创新的问题进行分析。

---

①实际控制人一般包括内部管理人、大股东、终极股东。

2.3 终极控制权结构影响资本结构的有关研究

终极控制股东能够通过特殊的控制权结构形成对目标控制公司的有效控制,追求可控资源、获取控制权私有收益、进行隧道侵害,进而影响和改变目标控制公司的经营和管理决策。资本结构是公司一项重要的财务决策安排,终极控制股东可以利用控制能力影响目标控制公司的资本结构。现有研究表明,从终极控制权结构视角研究目标控制公司的资本结构问题可以从如下三个方面展开:①终极控制权对目标控制公司资本结构的影响;②现金流权对目标控制公司资本结构的影响;③终极控制权与现金流权的偏离对目标控制公司资本结构的影响。另外,也有学者从一些重要的调节变量出发进行异质性研究,进一步丰富了该领域的研究成果。

2.3.1 国外研究情况

Faccio 等(2001)通过对亚洲国家的经验数据的分析发现在制度环境不好的国家和地区(如东南亚地区),很多企业保持很高的资本结构水平,负债融资没有发挥应有的治理作用,没有有效地降低股权代理成本,反而成了终极控制股东获取控制权私有收益的重要对象。

Filatotchev 和 Mickiewicz(2001)发现大股东控制下的公司,目标控制公司债务融资规模并不合理,一般都会高于自身必要的需求量,之所以会产生过量的负债融资现象,主要还是在于终极控制股东通过追求可控资源便利地获取了控制权私有收益。

Bany-Arinffin 等 (2010)通过对马来西亚 2001—2004 年上市公司样本进行经验分析后认为,终极控制股东容易引起目标控制公司进行较高负债融资,而这其中的原因主要在于为了实施对目标控制公司的有效控制。

Du 和 Dai(2010)选取亚洲 9 个国家和地区的上市公司研究终极控制权结构对资本结构的影响,发现两权偏离度与目标控制公司资本结构正相关,由于债务融资具有股权非稀释效应,从而能够保证终极控制股东的控制地位不会受到稀释。

2.3.2 国内研究情况

1. 终极控制权影响资本结构的有关研究

终极控制权是衡量终极控制股东对目标控制公司进行实际控制的核心指标。国内现有研究一般认为终极控制权对目标控制公司资本结构具有负向影响,即终极控制权越高,目标控制公司越会降低自身的资本结构。

苏坤和杨淑娥(2009)通过理论分析和实证分析后,认为终极控制权与目标控制公司负债水平显著负向相关。主要原因在于,终极控制权超过了有效控制权后,形成了控制权真空,控制权真空越大,终极控制股东就越不担心股权融资稀释问题,所以会影响目标控制公司进行股权融资,而不会进行负债融资。韩亮亮和吕翠玲(2013)通过分析 2002—2009 年中国民营上市公司数据发现,终极控制股东为了能够对目标控制公司实施有效控制,出于控制权防守动机往往会降低目标控制公司的财务杠杆比率,因此终极控制权与目标控制公司资本结构之间呈现负向关系。韩亮亮和李凯(2008)使用 2003—2005 年中国上市公司面板数据分析终极控制权影响目标控制公司资本结构后发现,控制权一致性[①]与目标控制公司总资产负债率、流动负债率之间具有正向关系。当控制权一致时,终极控制股东更偏好于目标控制公司负债融资,从而保证自身控制地位不受影响;当控制权不一致时,终极控制股东可以利用基于终极控制权视角下的股权融资的非稀释效应,要求目标控制公司进行股权融资。

2. 现金流权影响资本结构的有关研究

现金流权能够衡量终极控制股东对目标控制公司进行有效控制的实际

---

①控制权一致性,反映终极控制权与直接控制权的关系;当控制权不一致时,根据 La Porta 等人对终极控制权的衡量方法,只会出现一种情形,即终极控制权小于直接控制权,上市公司采用股权融资并不会稀释终极控制股东对其的控制权,产生股权融资非稀释效应;当控制权一致时,即终极控制权由直接控制权决定,则股权融资会稀释终极控制股东控制权,而负债融资具有控制权非稀释效应。

投入和成本。针对现有国内研究而言,较为一致的意见是现金流权对目标控制公司资本结构具有负向关系,即现金流权变高,目标控制公司会选择较低的资本结构。

韩亮亮等(2009)提出了终极控制背景下的两个假说:"内部资本市场假说"和"终极股东利益侵占假说",同时针对2005年中国民营上市公司进行了实证研究。通过理论推理和实证分析发现,终极股东现金流权与目标控制公司财务杠杆负相关。一方面,现金流权越大,终极控制股东对目标控制公司其他权益投资者的利益侵害成本越高、侵害意愿越低,使得目标控制公司资本结构降低;另一方面,现金流权越小,终极控制股东侵害动机越强,使得目标控制公司资本结构提高。苏坤和杨淑娥(2009)研究表明终极控制股东现金流权与目标控制公司负债水平显著负相关。主要原因在于现金流权越小,终极控制股东承担的因负债融资所引发的财务危机成本和破产风险成本越小,越易于获取目标控制公司负债融资所带来的好处;反之,现金流权越大,终极控制股东的协同效应越强,终极控制股东与其他投资者利益逐渐趋于一致,便会减少目标控制公司不合理的负债融资。

3. 两权偏离度影响资本结构的有关研究

终极控制权与现金流权的偏离度体现了终极控制股东追逐控制权私有收益、进行隧道侵害的动机和能力。现有国内研究一般认为两权偏离度对目标控制公司资本结构具有正向关系,即终极控制权与现金流权的偏离度越高,目标控制公司越会选择较高的资本结构。孙健(2008)基于上海证券交易所数据进行理论和实证分析,他构建一个两权偏离度的替代变量来分析终极控制权结构对目标控制公司资本结构的影响,研究发现在中国终极控制股东比控股股东更能反映控制的实质和掏空的本质,终极控制股东控制上市公司进行债务融资是为了通过举债获得可控制的资源,终极控制权和现金流权偏离度与目标控制公司资本结构呈现正相关。苏坤和张俊瑞(2012)研究表明,终极控制股东控制权与现金流权偏离程度与目标控制公司资本结构具有正向关系。他们认为负债融资扩大了终极控制股东可控制的资源,便利了其攫取行为,而且不会导致控制权的稀释。韩亮亮和吕翠玲(2013)研究表明,从利益侵占动机角度看,负债融资有利于终极控制股东获得可控资源,便于进行利益侵占,两权偏离度与目标控制公司资本结构具有正向关系。

不过也有部分学者提出了相反的看法，认为两权偏离度与目标控制公司资本结构之间呈现负向关系。肖作平（2010）研究发现两权偏离度与目标控制公司债务水平显著负相关，他认为终极控制问题增加了负债融资的代理成本，从而降低了外部债权人的融资意愿度，降低了目标控制公司的负债水平。韩亮亮和李凯（2008）研究认为资本结构本身存在着第二类代理问题，终极控制股东出于壕沟防守动机影响目标控制公司负债融资决策，不过负债的破产威胁效应和利益转移限制效应能够很好地约束终极控制股东的这一行为，目标控制公司负债融资将会减少。

也有学者认为，终极控制权和现金流权的偏离度与资本结构之间可能呈现一种倒 U 形关系。苏坤和杨淑娥（2009）研究认为终极控制权与现金流权偏离会导致终极控制股东倾向于目标控制公司扩大债务融资；两权偏离程度越大，这种动机就越强。但随着目标控制公司负债比例的不断提高，负债融资所带来的风险会不利于终极控制股东获取控制权私有收益，此时终极控制股东便会作出谨慎的选择，整体看，目标控制公司负债融资水平与两权偏离程度总体上呈现一种倒 U 形关系。

以上国内外学者就终极控制权结构与目标控制公司资本结构关系的相关研究成果往往存在较大的差异，究其原因可能主要是因为没有全面深入地分析终极控制股东的行为特征，从而不能合理地把握终极控制股东负债融资的偏好和约束。由此可见，有必要理清思路继续对该主题进行系统和深入的研究。

4. 异质性视角下终极控制权结构影响资本结构的有关研究

随着对终极控制现象研究的持续深入和分析方法的不断丰富，国内学者开始不断地引入第三方因素对终极控制权结构影响目标控制公司资本结构的调节效应进行分析。从现有研究看，主要的调节变量包括了终极控制股东性质、独立董事、政府干预、终极控制股东现金流权等。

首先，终极控制股东性质的调节作用。现有研究表明，非国有终极控制股东影响目标控制公司负债融资的动机更强。孙健（2008）研究认为国有终极控制股东的侵害动机相对于民营终极控制股东而言要弱。苏坤和张俊瑞（2012）也认为国有终极控制股东相对于非国有控制股东而言，终极控制权和现金流权的偏离程度与资本结构的正向变动关系更弱，非国有终极控制股东追求可控资源的动机更强。究其原因,主要在于中国绝大多数非国有公司的所有权都归于个人或者家庭,而个人和家庭的利益与公司其他利益相关者的利益往往会形成冲突;出于自身效用最大化的愿望,非国有终极控制股东既要利用负债融资维护自身的控制地位,也要利用债务融资扩大财务资源;相反,国有终极控制股东是由国家拥有,国有资产管理机构不仅能够督促企业进行内部管控,而且也可以和其他相关利益人一同参与公司的外部监督,这样国有终极控制股东谋求控制权私有收益的难度将会加大,扩大负债规模和侵占负债资源的行为会受到控制,国有终极控制股东更关注维护控制权,其侵害动机不足。所以,较之国有终极控制企业,非国有终极控制企业在同样条件下,正向影响目标控制公司债务融资的强度会更大。

其次,公司治理的调节作用。合理的治理结构能够约束终极控制股东的非理性行为。孙健(2008)从独立董事制度对终极控制权和现金流权的偏离度与目标控制公司资本结构的关系进行了调节分析后发现,虽然中国上市公司独立董事制度还不健全,但是独立董事对终极控制股东的侵害行为能够进行有效的约束,可以限制终极控制股东攫取隧道利益。

再次,制度因素的调节作用。外部制度环境是公司治理的有效补充,可以弥补公司治理不足所带来的负面影响。肖作平(2010)使用2004—2008年中国非金融上市公司平衡面板数据,参考特定的制度环境,对终极控制权和现金流权的偏离度、政府干预影响目标控制公司资本结构的问题进行了分析,研究发现,政府干预与资本结构存在正向变动关系;两权偏离度与目标控制公司资本结构之间存在负向变动关系,而且这种关系会因为政府干预而减弱,债权人会受到政府干预的影响而加强对目标控制公司的资金供给。

最后,现金流权的调节作用。现金流权代表了终极控制股东的投入成本,是对终极控制股东行为约束的内在因素。苏坤和张俊瑞(2012)以2004—2008年中国上市公司为研究对象,就终极控制权与现金流权的偏离程度对目标控制公司资本结构的影响,以及现金流权调节作用进行了分析。研究发现,终极控制股东的现金流权能够有效地调节两权偏离度和资本结构之间的关系,现金流权变高,促使终极控制股东发挥激励效应并减少负债融资动机,现金流权可以约束终极控制股东通过提高目标控制公司负债水平而得到更多的可控资源。

2.3.3 文献评述

通过以上文献梳理可以发现,终极控制权结构能够影响目标控制公司的资本结构。首先,终极控制权主要描述终极控制股东维护控制地位、防止控制权稀释的行为偏好。终极控制权越高,终极控制股东越能有效地掌控终极控制地位。其次,现金流权主要反映了终极控制股东对目标控制公司真实的投入成本,能够揭示出终极控制股东与其他股东之间的协同合作关系,现金流权越大,终极控制股东协同合作倾向越强。最后,两权偏离度主要揭示了终极控制股东获取控制权私有收益、侵害目标控制公司利益的动机和能力,两权偏离度越大,终极控制股东的追逐控制权私有收益和侵害目标控制公司的动机与能力越强。通过以上阐释可见,最能体现终极控制股东行为特征和反映终极控制权现象本质的指标无疑是终极控制权和现金流权的偏离程度。基于此,本书将从两权偏离度入手,实证分析终极控制股东对目标控制公司资本结构和技术创新活动的影响。

从终极控制权结构影响资本结构的机理分析看,现有文献主要是从负债融资的优缺点、治理效应入手进行分析。首先,由于对终极控制股东负债融资偏好分析不全面、不客观,使得结论出现了不一致的情况,因此有必要全面地、系统地对终极控制股东的负债融资偏好进行分析。其次,现有研究大多是从负债融资的治理效应角度分析终极控制权结构影响目标控制公司资本结构的机理,然而现实中还有很多潜在的传导路径尚未解释、有待确认和实证检验。最后,在终极控制权结构影响目标控制公司资本结构的异质性分析中,现有研究主要是从企业所有权性质、制度环境、公司内部治理、政府干预、现金流权等角度进行分析,那么是否存在其他异质性因素来调节两者之间的关系呢?本书尝试从技术创新视角探讨新的传导机理,并解释异质创新下的调节机理。

2.4 终极控制权结构影响技术创新的有关研究

学术界对如何提高企业技术创新的研究一直都未中断。其中，Lehrer 等（1999）研究发现公司治理对企业技术创新具有高度的决定性作用。依据公司治理主要矛盾的演变，在该领域的研究可以从股权分散、股权集中和终极控制权三个视角进行梳理。

2.4.1 传统研究视角下公司治理影响技术创新的有关研究

1. 股权分散视角下的公司治理影响技术创新的有关研究

Berle 和 Means 共同提出的分散股权结构下所有权与经营权分离所产生的委托代理关系，长期以来一直被认为是现代公司治理的基本研究范式。自从 Jensen 和 Mecking（1976）提出委托代理理论，学者们便开始在股权分散背景下从第一类委托代理问题入手研究公司治理因素与企业技术创新的关系。Fama 和 Jensen（1983）、Wright 等（1996）认为，公司所有者和公司内部经营管理层的矛盾冲突（即第一类委托代理矛盾冲突）一定程度上会阻碍企业技术创新的开展，委托代理矛盾会使得经理层工作懈怠，产生机会主义偏好，从而减少影响自身利益、容易产生风险的技术创新活动。国内学者徐金发和刘翌（2002）等从第一类委托代理矛盾冲突入手，选择企业股权结构与董事会两个方面分析公司治理对企业技术创新的影响，研究发现公司治理结构能够影响技术创新，内部经营者持股水平与企业技术创新呈现正向变动关系，董事会规模与企业技术创新呈现反向变动关系。

2. 股权集中视角下的公司治理影响技术创新的有关研究

随着股权集中现象的普遍出现，很多学者开始从第二类委托代理问题入手研究公司治理因素对企业技术创新的影响，目前相关领域的研究主要集中讨论股权集中度、所有权性质对企业技术创新的作用。

首先，股权集中度对企业技术创新的影响研究。学者们研究发现，股权集中能够缓解第一类委托代理矛盾,降低代理和契约成本,从而有助于企业技术创新的展开。冯根福和温军(2008)分析认为适度集中的股权结构有利于企业技术创新。

其次,所有权性质对企业技术创新的影响研究。就国内研究而言,相关研究还未达成一致意见。一方面,部分研究者(姚洋 等,2001;张宗益 等,2007)认为国有企业具有强烈政府色彩,面对的市场监督与竞争不足,激励机制不完善,难以摆脱行政化体制的束缚,缺乏在研发与创新方面进行大量且持续投入的动机;而民营企业所面临的经营环境更加市场化,管理层激励机制较为合理,受政府行政化体系的影响相对较小,更愿意进行较高水平的研发投入,积极推动公司创新。另一方面,部分学者认为所有权性质对企业研发与创新没有显著影响(吴延兵,2006),或者认为国有企业拥有优越的外部条件(如更强的融资、投资能力和更好的技术条件),更有可能进行持续高水平的研发投入(解维敏 等,2009;李春涛 等,2010)。

2.4.2 终极控制视角下公司治理影响技术创新的有关研究

1. 终极控制权结构影响技术创新投入的有关研究

技术创新投入能够帮助企业改变产品结构、迎合市场需要,提高企业的行业竞争力(David et al.,2001),是技术创新活动的必要保证。从现有研究看,终极控制权结构对目标控制公司技术创新投入具有影响,这种影响主要表现在四个方面:

1)终极控制权结构对目标控制公司技术创新投入具有抑制作用

多数研究者认为,终极控制股东利用特殊的终极控制结构获取控制权私有收益,对目标控制公司进行利益侵害,使得目标控制公司技术创新投入减少,终极控制股东对目标控制公司的技术创新投入具有抑制作用。

一方面,已有的研究认为终极控制股东有动力抑制目标控制公司进行技术创新。学者们从终极控制权结构和技术创新的固有特性出发,结合隧道挖掘、利益收敛理论、利益侵占效应、管理层合谋、不完善的公司治理等问题来分析终极控制权结构对目标控制公司技术创新投入的抑制作用。相关的研究发现,随着两权偏离度的提高,终极控制股东追求控制权私有收益动机增大,侵害能力增强。在以上问题的相互影响下,终极控制股东更不愿意目标控制公司进行技术创新,从而致使目标控制公司的技术创新投入下降。冉茂盛等(2010)选取中国148家上市公司数据,从第二类委托代理冲突入手进行分析。研究发现,终极控制权和现金流权的偏离程度和目标控制公司技术创新投入表现为负相关关系,并且这种负相关关系在高新技术企业会得到进一步的强化。徐向艺和汤业国(2013)研究认为,在终极控制股东追求控制权私有收益、目标控制公司技术创新的资源稀缺性和不确定性的作用下,终极控制权和现金流权的偏离程度与目标控制公司技术创新投入呈现负相关关系。左晶晶等(2013)研究发现:首先,终极控制股东不愿意目标控制股东进行技术创新投资活动;其次,提高目标控制公司其他大股东的持股比例能够提高自身的技术创新投入水平。陈金勇等(2013)从终极控制权结构入手,研究发现终极控制权和现金流权的偏离程度对目标控制公司的技术创新投入具有明显的抑制作用,终极控制股东的攫取行为不利于企业技术创新的开展,两权偏离度对企业自主创新具有显著的利益侵占效应,且这种侵占效应会明显扭曲技术创新效率。唐跃军和左晶晶(2014)从第二类委托代理问题入手分析两权偏离度对技术创新投入的影响,发现两权偏离度对目标控制公司的技术创新投入具有抑制作用。顾群(2016)针对中国上市公司数据,就终极控制权和现金流权偏离程度与技术创新投入和创新模式选择进行了研究。分析发现,终极控制权和现金流权偏离程度与目标控制公司的技术创新投入之间具有负向关系,终极控制权和现金流权偏离程度的提高会减少目标控制公司技术创新投入。主要原因在于在两权偏离度降低时,利益协同效应促使终极控制股东偏好于技术创新活动;而当两权偏离度提高时,隧道侵害效应致使终极控制股东减少技术创新活动。刘玉和盛宇华(2018)基于内部视角,从代理问题和研发特性入手,结合终极控制股东的行为特征进行分析,结果发现两权偏离度提高,终极控制股东促使目标控制公司进行技术创新投入的意愿度会降低,终极控制权和现金流权的偏离程度和目标控制公司技术创新投入之间呈现负相关关系。

另一方面,研究认为终极控制股东有能力抑制目标控制公司进行创新。刘玉和盛宇华(2018)基于外部视角,从资源依赖理论入手,结合技术创新的财务特征和终极控制股东追求控制权私有收益而引发的外部影响[1],分析终极控制权结构对目标控制公司技术创新投入的抑制作用,结果发现随着终极控制股东侵害能力的增强,所带来的负面问题会致使目标控制公司的财务拮据或波动,不能为技术创新提供全面、持续的资金支持,降低了目标控制公司的技术创新能力,进而致使目标控制公司技术创新投入减少。

2)终极控制权结构对目标控制公司技术创新投入具有促进作用

也有研究者发现,终极控制股东虽然利用特殊的控制结构对目标控制公司进行利益侵害,获取控制权私有收益,但同时终极控制股东也会具有积极的行为,能够促进目标控制公司开展技术创新投入活动。Hund 等(2010)基于风险分散化假说,认为终极控制权和现金流权的偏离程度会促使终极控制股东采用风险分散化方式进行多元化投资,平稳的财务有利于目标控制公司从事研发活动。熊艳(2014)发现终极控制股东往往会依照资本市场热点和喜好对目标控制公司投资活动产生影响,当市场关注创新时,终极控制股东可能会推动目标控制公司进行技术创新活动。顾群和马秀茹(2018)研究认为两权偏离度越大,目标控制公司的技术创新投入越多。究其原因,他们认为在获取控制权私有收益的过程中,终极控制股东可以与中小股东达成一致,适度的控制权私有收益能够缓解目标控制股东的投资不足,具有补偿和激励作用,终极控制股东将专注于企业价值最大化的活动;同时创新不仅会带来风险,而且还能够带来高额收益,综合来看,终极控制股东能够促进目标控制股东进行技术创新活动。

3)终极控制权结构对目标控制公司技术创新投入的影响具有两面性

也有部分学者研究认为终极控制权结构对目标控制企业技术创新投入在不同的阶段具有不同的影响。一般而言,在终极控制权私有收益侵害动机较弱的阶段会促进目标控制企业进行技术创新,从而促使技术创新投入增加;而在终极控制权私有收益侵害动机较强的阶段会抑制目标控制公司的技术创新活动,使得技术创新投入减少。陈金勇等(2013)认为终极控制权结构在特定水平内能够促进目标控制公司提高创新投入,超出这一特定水平后便将减少目标控制公司的技术创新投入。

---

①终极控制权结构可能会导致目标控制公司财务负担加重、破产威胁增加、公司价值下降等。

4）终极控制权结构对目标控制公司技术创新投入的影响具有异质性

从异质性角度分析终极控制权结构对目标控制公司技术创新投入的影响能够深化对两者关系的认识和理解，有利于具体问题具体分析，便于制定针对性强的政策方案。从现有研究看，异质性视角主要包括了企业产权性质、企业绩效偏离、企业生命周期、企业大股东制衡等。

第一，从企业产权性质差异角度看终极控制权结构对目标控制公司技术创新投入的影响。该领域文献主要基于政策优惠、监管强度、侵占手段、声誉效应、政治成本、融资约束、高管合谋、壕沟效应、外部资源等方面进行比较，从而发现不同产权性质的终极控制股东对目标控制公司技术创新投入的影响存在差异。左晶晶等（2013）对中国上市公司进行分析发现，相对于国有控制公司，民营控制公司的其他大股东对终极控制股东的技术创新侵害行为具有监督作用，能够促进目标控制公司进行研发投入和技术创新投入。唐跃军和左晶晶（2014）从终极控制股东所有权性质角度分析了终极控制股东影响技术创新投入的机理，通过对中国上市公司的经验分析发现：终极控制股东是自然人或家族，会促进目标控制公司进行研究与开发投入；终极控制股东是中央政府和国家部委、地方政府和所属机构，目标控制公司往往选择较低的创新投资水平。顾群和马秀茹（2018）、刘玉和盛宇华（2018）都认为相对于国有属性控制股东，非国有属性控制股东抑制目标控制公司技术创新的意愿更强。主要的原因在于国有企业的监管严格、约束强，进行侵害的动机相对较小；而且国有企业更容易获得外部资源，尤其是外部融资成本相对较低，低成本融资降低了创新风险的危害；非国有企业的终极控制股东和高管容易发生合谋的概率更高，加剧了终极控制股东追逐私利的动机。

第二，从企业业绩偏离差异角度看终极控制权结构对目标控制公司技术创新投入的影响。该领域文献主要基于内部业绩偏离和外部业绩偏离两个角度，对在面临业绩压力、刺激而产生的"短视"行为偏好的背景下终极控制股东对技术创新的影响进行分析，研究发现为了保证获取私有收益、规避风险，业绩偏离对终极控制权结构影响技术创新投入的负向关系具有加强的作用。刘玉和盛宇华（2018）研究发现对民营属性控制公司而言，历史经营业绩的偏差对两者的负向关系没有显著的影响，不过行业业绩的偏差则会强化终极控制权结构和技术创新投入之间负向关系的程度。

第三,从企业生命周期差异角度看终极控制权结构对目标控制公司技术创新投入的影响。该领域文献主要基于企业发展阶段的不同特征,对终极控制股东的行为偏好进行分析。研究发现,在企业发展后期,终极控制股东会抑制目标控制公司进行技术创新投入;在早期,则会促进技术创新投入。程仲鸣和张鹏(2016)从第二类委托代理问题出发,采用企业生命周期分析方法研究发现:就整体而言,终极控制权和现金流权偏离程度越大,目标控制公司技术创新投入就会越少,两者呈现负向关系;但是在公司发展的不同阶段,这种负向关系会存在一定的不同,在公司发展初期,终极控制权与现金流权的偏离对目标控制公司的技术创新投入具有积极作用;在公司发展成熟阶段,终极控制权与现金流权的偏离会导致目标控制公司的技术创新投入下降。

第四,从企业大股东制衡差异角度看终极控制权结构对技术创新投入的影响。一般认为,不属于终极控制股东集团的其他大股东能够发挥监督制衡作用。唐跃军和左晶晶(2014)研究发现两权偏离度与公司技术创新投入之间呈现负向变动关系,但是相对于国有控制的公司,民营控制公司的其他大股东的监督和管理作用能够促进目标控制公司的研究和开发投入,对终极控制股东的非理性行为具有制衡作用。而国有控制公司的其他大股东不仅不能够起到制衡作用,反而会进一步致使目标控制公司的研究和开发投入下降。

2. 终极控制权结构影响技术创新模式的有关研究

针对技术创新的异质性划分标准有很多,按照技术创新企业所进行的研究和开发活动不同,可以将技术创新分为两种模式(Kamien et al.,1978),一种是探索式技术创新(exploratory innovation),一种是开发式技术创新(routine innovation)。现有文献对技术创新模式的研究大多关注于技术创新模式的内涵和外延的界定、两种模式间的关系(区别与联系)、技术创新模式对公司经营与管理、业绩和价值的影响等,而对技术创新模式选择的影响因素及微观机理研究还尚显不足。随着新现象的不断涌现,针对技术创新模式影响因素的研究正在不断地丰富和拓展。现有文献已经发现企业结构的安排(Tushman et al.,1996)、组织情景(Gibson et al.,2004)和高管团队的认知(Carmeli et al.,2009)等方面都是企业选择技术创新模式的重要参考。现阶段,第二类委托代理问题已经成为公司的主要矛盾,终极控制股东利用特殊的控制能力能够作出符合自身利益最大化的决策安排,从而对目标控制公司的技术创新模式选择产生影响。从终极控制权结构角度研究终极控制股东如何影响目标控制公司的技术创新模式选择可能是一种较新的尝试,也是公司治理与技术创新研究中的重要课题。现有相关文献主要是将终极控制股东的行为偏好和不同技术创新模式的特征相结合,分析终极控制权结构对技术创新模式选择的影响,研究发现终极控制权结构会致使目标控制公司技术创新模式选择具有不平衡性。

顾群(2016)针对中国上市公司数据,就终极控制权和现金流权偏离程度与技术创新投入和创新模式选择进行了研究。分析发现随着终极控制权和现金流权的偏离程度提高,终极控制股东偏好于目标控制公司进行探索式技术创新;终极控制权和现金流权的偏离程度降低,终极控制股东偏好于目标控制公司进行开发式技术创新。主要原因在于两权偏离度提高,致使终极控制股东更偏好于高风险高收益活动,这正是探索式创新活动的重要特征,所以在两权偏离度提高的背景下,终极控制股东更偏好于目标控制公司进行探索式创新。顾群和马秀茹(2018)研究发现,控制权私有收益越大、两权偏离度越大,目标控制公司越有可能进行探索式创新。主要原因在于探索性创新风险更高,不确定性更大,所以终极控制股东为了获得更多的控制权私有收益而承担探索式创新的高风险,加大探索式创新投入。顾群等(2018)利用中国民营上市公司的相关数据并采用多元回归模型对两权偏离度影响目标控制公司技术创新模式进行了实证研究,分析认为:由于终极控制股东追求控制权私有收益,随着终极控制权和现金流权偏离程度的提高,终极控制股东的行为偏好会致使目标控制公司要么陷入"创新陷阱",要么陷入"能力陷阱",结果使得创新模式选择更加不均衡;同时,由于股权制衡的存在,有效的公司治理机制能够对两权偏离度影响技术创新模式选择的不平衡性进行反向调节。

2.4.3 文献评述

在企业进行自主创新的过程中,不可避免地会受到公司内部治理因素的影响。传统视角下关于公司治理与企业技术创新关系的研究大多是围绕管理者持股、股权集中度、董事会监督、所有权性质等视角进行。诚然,以上角度的研究是极为重要的,但是这些研究大都是在第一类委托代理问题视角下探讨公司治理因素如何影响企业技术创新,以及从第二类委托代理问题视角下分析大股东、控股股东和中小股东之间的委托代理冲突如何影响企业技术创新,而从终极控制视角分析企业技术创新的内部微观机理的研究还不是很多。在现代股权集中的背景下,第二类委托代理冲突矛盾已经成为不可忽视、最为重要的公司治理问题,金字塔结构、交叉持股和复式投票权股票的控制方式致使终极控制股东出现并对目标控制公司进行了终极控制(La Porta et al., 1999),终极控制股东利用所掌握的剩余控制权不断地获取控制权私有收益,这种行为偏好往往会影响到目标控制公司的经营管理(Claessens et al., 2000)。对中国而言,控股股东和普通权益投资者的矛盾是比较严重的(肖作平, 2011),公司治理的关键问题可能在于第二类委托代理问题(唐跃军 等, 2010, 2012)。所以,传统视角下的研究已经不能为当前公司治理影响企业技术创新的问题提供更为可靠的微观解读。由此出发,应当从第二类代理问题下的终极控制视角来揭示微观治理机制对目标控制公司技术创新的影响。

通过梳理国内外的研究文献可以发现,现有研究虽然已经开始从第二类委托代理矛盾入手分析终极控制权结构影响目标控制公司技术创新的微观机理,但是还未能系统地、全面地、完整地对这一问题进行阐释,结果造成了结论观点存在很多的差异。同时,虽然已有的文献从异质性角度对终极控制权结构影响目标控制公司技术创新进行了研究,但是研究大多集中在企业产权属性、企业生命周期和企业绩效偏离等异质性角度,而从技术创新本身的差异性角度进行理论和实证分析还比较少见。在现有的文献中,顾群(2016)在实证研究中作出了开创新的工作,但是研究中还存在着若干不足:第一,仅仅就两权偏离度对技术创新的影响进行了理论分析,而没有系统地梳理终极控制权和现金流权者两个因素对目标控制企业技术创新的影响;第二,仅仅选择多元回归线性模型进行分析,忽视了所采集数据的面板特征,降低了模型解释的可靠性和稳健性;第三,稳健性检验只是对因变量技术创新投入进行了代理变量的更替检验,而没有就核心的解释变量控制权私有收益进行代理变量的更替检验。基于以上分析,本书将在深入剖析终极控制股东本质特征的基础上,探索技术创新模式、终极控制权结构对目标控制公司技术创新的影响。首先,系统地解释终极控制权结构影响目标控制公司技术创新的内在机理；其次，引入技术创新模式，深入地分析不同技术创新模式下终极控制权结构影响技术创新投入的微观机制并进行全面的实证检验。在实证中，既进行多元线性回归模型分析，也进行面板回归模型分析；同时借用他人研究成果引入终极控制股东行为偏好的替代变量进行稳健性检验。

2.5 公司技术创新影响资本结构的有关研究

从技术创新角度进行资本结构理论研究，其实是对资本结构产业组织理论的细化和拓展，进一步丰富了资本结构产业组织理论的研究内容。从现有的文献看，技术创新对资本结构的影响研究主要包括创新战略对资本结构的影响、创新投入对资本结构的影响、创新能力对资本结构的影响以及创新产品对资本结构的影响。

2.5.1 创新战略影响资本结构的有关研究

产业组织资本结构理论研究认为，企业战略对负债融资选择具有影响。创新战略是企业战略的一部分。如果企业战略对资本结构会产生影响，那么创新战略必然也会对企业资本结构产生影响，也就是说企业为了自身发展和在市场竞争中保持优势而采用创新战略时，会针对自身情况确定合理的资本结构。

创新战略会给企业带来经营管理的不确定性，而且这种不确定性程度较高，在给企业创造未来高收益回报的同时，也给企业带来了潜在的经营管理风险。一般而言，进行不确定性高的创新战略的企业不容易从外部债权人那里轻易地获得债务资金（Hsu，2011）。其中一个重要的原因就是在技术创新中会有大量的无形资产出现。相对于有形资产而言，无形资产具有较高的专用性，变现难度较大。虽然债权人对债务人的资产具有优先索偿权，但外部投资者因担心企业债务违约后不能及时变现无形资产而不希望用无形资产作为负债融资的抵押品。因此，当债权人面对拥有较多无形资产的企业进行负债融资,往往会提高负债融资成本,同时提出较为苛刻的附加约束条款,这使得实施创新战略的企业不愿意主动地进行负债融资。由此可见,创新战略可能会促使创新企业选择较低的财务杠杆,保持宽松的财务环境,创新战略与资本结构之间应当呈现负向关系。

从国外的相关文献看,多数学者均认为进行创新战略的企业都会选择低水平负债(Long et al.,1985;Jordan et al.,1998;O'Brien,2003)。同时,Li 和 Simerly(2002)从环境的不确定性角度对两者负向关系的调节效应进行了研究,发现在稳定的环境下,企业会选择负债融资,而在不稳定的环境下,企业则会偏好股权融资。

从国内的相关文献看,学者们得到了和国外研究者相似的结论。一方面,同样认为创新战略和资本结构负相关(王任飞,2004;李自杰 等,2007);另一方面,也认同环境不确定性对两者关系具有调节作用(李强 等,2005;于晓红,2010;于晓红 等,2012)。

2.5.2 创新投入影响资本结构的有关研究

创新投入应当是技术创新有效进行的必要条件。创新投入的要素众多,但最终都会归结于研究和开发支出,所以在现有研究中较多的是采用研究和开发支出来对创新投入进行衡量。而在创新投入对资本结构影响的研究结论方面,主流的观点认为创新投入对资本结构具有负向影响,也就是说随着创新投入的不断提高,企业更愿意采用较低的负债。

从国外的相关文献看,大多数学者都认为创新投入和公司财务杠杆之间一般具有负向关系。研究的区别主要在于阐释的影响路径不同,Himmelberg 和 Petersen(1994)、Mendelson(1986)等从信息不对称角度进行分析;Long 和 Malitz(1985)、Li 和 Simerly(2002)从资产专用性入手进行分析;Titman 和 Tsyplakov(2007)、Czamitzki 和 Kraft(2009)等从委托代理理论进行分析。

从国内的相关文献看,学者们同样发现了企业技术创新投入与负债融资负相关(钟田丽 等,2013,2014;李自杰 等,2007;王亮亮 等,2015;戴跃强 等,2007;柴斌锋,2011)。李汇东等(2013)研究认为股权融资促进创新投入,债权融资的作用不明显;政府补助对债权融资与公司创新投资之间的负向关系存在显著的调节效应。

2.5.3 创新产品影响资本结构的有关研究

在公司技术创新中,创新产品是公司所有技术创新的结果,是公司技术创新的重要内容。通过技术创新能够为公司产生和现有不一样或更适应市场需求的产品,也就是说需要通过利用各种新型技术进行产品研发,以便不断地迎合潜在消费者的需求(Veryzer,1998)。同时,创新产品具有两种重要的特征,即创新产品的差异化和创新产品的专用性。公司创新能力越强,那么创新产品的差异化程度越高,越有利于公司保持较高的竞争力。Timan(1984)认为生产重要产品的企业应具有更少的负债。Wanzenried(2003)认为创新产品差异化程度与负债融资负相关。另外,在创新产品的不同生命阶段,在技术、销售、市场等多方面都存在差异,创新型企业应当依据企业创新产品的生命周期采用相配套的融资方式。在创新产品由不成熟走向成熟的过程中,企业的财务风险逐渐加大,应当结合自身的特点制定符合各个阶段需求的融资结构。

2.5.4 创新能力影响资本结构的有关研究

创新能力是一个综合概念,是技术创新过程中各种能力的综合。在技术创新中,公司创新能力越强,越能够将新知识和新技术顺利地转变为适应市场需求的产品,从而为企业带来更高的收益(Lawson et al.,2001)。可见,创新能力是公司技术创新中必不可少的支持要素。从相关文献看,国内学者杨春明和吴华清(2011)、胡彦斌和钟田丽(2013)等都认为企业创新能力与融资结构正相关。周艳菊等(2014)则认为企业创新能力与融资结构负相关;盈利能力对创新能力和融资结构的负向关系具有调节作用。

2.5.5 文献评述

从传导机理看,技术创新影响资本结构主要是从技术创新特征入手进行阐释,包括创新风险性、专用性、积累性等,这些创新特性使得企业往往会选择较低的负债融资水平。同时从四个视角看,技术创新投入是基础和保证,没有充足的创新投入,技术创新企业就不能充分发挥自身的创新能力,也就不会产生优质的创新产品。由前文可知,终极控制股东能够影响目标控制公司技术创新投入,而技术创新投入又可以影响企业的资本结构安排,那么技术创新投入是否是终极控制股东影响目标控制公司资本结构安排的传导路径呢?有必要揭示终极控制股东通过技术创新投入影响目标控制公司资本结构的微观机理。

2.6 小结

随着经济的发展和技术的进步,影响资本结构的新因素正在不断地出现。一方面,应当针对传统理论所发现的相关因素及影响机理进行不断的完善和检验;另一方面,应当对影响资本结构的新因素进行搜寻、分析机制并实证验证。从公司治理与资本结构的关系研究看,现有研究主要是对内部经营管理层和股东的矛盾以及控股股东和中小股东的矛盾入手分析治理因素对资本结构的影响,而就终极控制权因素对资本结构影响的研究还相对较少,并且研究不系统、不完善,有必要对这一问题进行系统化的梳理和细致的实证验证。同时,在现有研究没有重视和揭示在技术创新过程中终极控制股东影响目标控制公司资本结构的微观机理,忽略了技术创新可能是终极控制权结构影响目标控制公司资本结构的中介路径,也忽略了技术创新模式对终极控制权结构影响目标控制公司资本结构的调节作用。针对现有研究的不足,本书将技术创新投入和技术创新模式纳入终极控制权结构影响目标控制公司资本结构的分析框架下,通过演绎推理和经验检验,从技术创新投入和技术创新模式两个方面研究终极控制权结构影响目标控制公司资本结构的形成机理,并利用中国上市公司的数据进行实证检验,以期对公司控制权和产业组织资本结构理论进行完善和补充。

第3章　终极控制权结构影响资本结构、
技术创新的理论分析

控制权私有收益是终极控制权相关问题研究的关键,终极控制股东的侵害行为本质上都是基于追逐控制权私有收益而产生的。在终极控制背景下,获取控制权私有收益的动机和能力主要由终极控制权和现金流权的偏离所造成的(La Porta et al.,1999;Claessens et al.,2000,2002;Lemmon et al.,2003;Yeh et al.,2003)。与传统的控股股东不同,终极控制股东通过特有的方式和手段对目标控制公司进行控制,形成了特有的控制权结构,使得终极控制权和现金流权相偏离。终极控制权和现金流权的偏离会使得终极控制股东以极低的投入获得目标控制公司相对多的实际投票权,这样终极控制股东便会利用这种超出实际投入的投票权去追求更多的剩余财产权,进而能够获得更多的控制权私有收益。随着两权偏离度的不断提高,终极控制股东获取控制权私有收益的动机和能力越强,那么终极控制股东的侵害行为就会越加严重。基于此,本章将以终极控制权结构的特征分析为起点展开相关的理论分析,重点介绍了终极控制权结构影响目标控制公司资本结构和技术创新的内在机理,为后文分析技术创新投入对终极控制权结构影响公司资本结构的中介效应和技术创新模式对终极控制权结构影响公司资本结构的调节效应提供必要的理论支持。

3.1 终极控制权结构的特征分析

终极控制权结构的特征主要表现为终极控制股东通过特定的方式和手段对目标控制公司进行控制，使得终极控制权和现金流权产生偏离。这些方式和手段主要是指金字塔结构、交叉持股以及复式表决权股票。

首先，金字塔结构（pyramidal ownership structure）是一种最能够体现终极控制权现象特征的投资方式，是终极控制股东对目标控制公司实施隐形控制最为重要的手段。为了获得目标控制公司的控制权，终极控制股东经过多个链型投资环节对目标控制公司进行控制，从上到下逐层复杂，形成了类似于正金字塔形状的投资链条。较之以往简单的控制权结构，终极控制股东能够通过多链条控制体系构建针对目标控制公司复杂的控制结构，从而对目标控制公司进行有效的控制。在这种链型控制权结构下，终极控制股东实际支付和获得的实际控制权往往不一致，即终极控制权会小于现金流权，产生两权偏离现象；而且随着链条不断地复杂、金字塔层数也逐渐增多，这种不一致的程度会慢慢地增加，最终使得终极控制股东以极低的成本获得了目标控制公司更多的控制权，结果终极控制权和现金流权进一步相偏离，终极控制股东有更大的动力去追求控制权私有收益。研究表明，终极控制股东能够利用金字塔结构在分享股权收益的同时控制公司的留存收益（Almedia，2006）。同时，终极控制股东还能够通过"社会资本控制链"（关鑫 等，2011）对目标控制公司实施有效的控制，从而更深入地使得两权偏离度提高，增强自身的终极控制能力，更好地对目标控制公司的利益进行隧道攫取。

其次，复式投票权股票（dual class equity）。在现代公司制度下，公司发行的股票应当体现"同股同权、同股同利"的原则，但是在契约精神的指引下，同样允许发行其他形式的股票，具有复式投票权的股票便是其中的一种。复式投票权股票其实就是公司在一次股票发行过程中发行两种具有不同投票权的股票：对一类股票而言，相同单位股份会拥有较多的投票权（高投票权股票),对另一类股票而言,相同单位股份将具有较少的投票权(低投票权股票)。在这种股票发行安排下,就会使得终极控制股东能够利用持有较少的高投票权股票形成对目标控制公司的有效控制,从而使得控制权和现金流权相分离,结果终极控制股东有动力去追逐隧道利益。在现实中,百度公司高投票权股票是低投票权股票的 10 倍,这便于原始创始人和创业投资机构获得对公司的有效控制。虽然这一制度安排有利于保护创业投资者和原始投资人的利益不受股票发行稀释效应的侵害,但它违背了股票发行的公平原则,包括中国在内很多国家的金融监管机构都不允许公司采用这种形式发行股票。

最后,交叉持股(cross ownership)。在现代公司制度下,互相持股是一种极为常见的经济现象。各种公司之间通过彼此股票的买卖,持有对方公司的权益证券。在股权集中背景下,交叉持股其实是指相同控股股东所掌控的公司彼此投资对方股票的行为。控股股东能够通过影响所掌控的公司进行相互持股而最终形成对目标控制公司的终极控制,而且在交叉持股中同一控股股东仅仅需要使用少量的投入便能够对目标控制公司掌握较多的投票权(La Portaet al.,1999),从而使得控股股东的控制权和现金流权相偏离。不过,交叉持股虽然有利于提高终极控制股东的管理能力,便于终极控制股东提升目标控制公司内部治理水平,但也会减弱公司治理的透明度,便于控制股东对目标控制公司进行利益攫取(冉明东,2007)。

综上所述,金字塔结构、交叉持股、复式投票权股票三种控制方式最终形成了特殊的终极控制权结构,使得终极控制权和现金流权相偏离,而且金字塔结构、交叉持股越复杂,复式投票权数量就会越多,终极控制股东的两权偏离度就会越大,控制能力也就会越强,从而追求控制权私有收益的动机越大,能力也就越强,对目标控制公司进行利益侵害也就越加严重。

3.2 终极控制权结构影响资本结构的机理分析

传统研究中,公司治理因素影响公司资本结构的传导机制本质上是一个不断反馈的过程:首先,资本结构会引起企业控制权的变化,使得公司内部治理要素发生变化,从而产生资本结构的治理效用;其次,在意识到资本结构的公司治理作用后,相关利益人便会进行资本结构选择以实现特定的目的,解决特定的公司治理问题。终极控制股东是控股股东进一步演化的产物,是股权集中现象不断深化的结果。同样,终极控制股东也能够利用这种反馈机制影响目标控制公司资本结构的决策。不过,终极控制股东和大股东、控股股东既有联系又有区别,有必要在传统研究的基础上进一步推演,从一般到特殊,挖掘终极控制股东在追逐控制权私有收益的动机下影响目标控制公司资本结构的规律和机制。

3.2.1 负债融资的治理效应分析

对于大股东、控股股东而言,负债融资主要存在以下四个方面的公司治理效应:

1. 负债融资的股权非稀释效应

负债融资的股权非稀释效应是负债融资治理效应的核心和基础,是大股东、控股股东进行负债融资的最基本动机。作为一种典型的风险性融资方式,与股权融资不同,负债融资仅仅要求企业定期还本、到期付息,债权人一般不会拥有公司重大事项决策的投票权,从而不会对公司股权结构产生影响(Dann,1988),不会减少公司原有股东的控制权结构,原有股东持股比例不会被稀释,从而不会影响控股股东的控制地位。Stulz(1988)通过分析发现,在股权集中背景下,大股东、控股股东往往会进行超额负债,公司负债水平会被控制在合理水平之上,这样便可以使得控股股东的控制权得到保证,从而既可以保证公司不被收购,也能够保证自身投票权不会减少。由此可见,在负债融资股权非稀释效应的作用下,控股股东负债融资偏好往往会提高公司的资本结构水平。

2. 负债融资的可控资源效应

负债融资的可控资源效应是控股股东追求控制权私有收益的关键,是获取控制权私有收益的保证。负债融资能够增加公司的财务资源,从而便利了控股股东通过掏空行为侵占或攫取更多的公司资源。任何融通资金的活动都能够促使企业财务资源得以增加,优质的融资方式可是使得公司能够以较低的成本获得足够的资金支持。负债融资和股权融资都是公司获得经济资源的重要渠道。随着负债融资和股权融资的规模扩大,一方面能够提高公司的资金持有水平,获得充足的经营投资保障;另一方面,也扩大了终极控制股东所控制的财务资源,便于控制股东能够通过掏空行为获取更多的公司资源。不过股权融资具有股权稀释效应,会降低控股股东的控制权比例或实际投票权。这样控股股东更愿意选择保证自身控制权不变的情况下能够得到足够的、可以控制的财务资源,更愿意选择负债融资增加可控资源,而不会选择股权融资。对于控股股东而言,负债融资在增加公司经济资源方面具有一定的优势。由此可见,负债融资的可控资源效应下,控股股东的负债融资偏好往往会提高公司的资本结构水平。

3. 负债融资的破产威胁效应

负债融资的破产威胁效应是控股股东获取负债融资利益的约束。负债融资具有杠杆效应,能够增加公司资源,并提高股东的投资回报,但同时也会给公司带来风险,从而影响控制股东从目标控制公司中获得隧道利益。负债融资的破产威胁效应一般可以认为是在公司不能按期支付利息、到期支付本金的情况下,引发债务违约和财务风险,达到一定程度后,债权人可能会诉求法律手段迫使公司破产;而一旦公司破产,那么控股股东便会丧失控制权,这样便不能够再对公司形成实际控制,从而使得控股股东不能够再继续攫取控制权私有收益。由此可见,为了保证自身利益不受影响,在负债融资的破产威胁效应下,控股股东对负债融资会趋于谨慎,公司资本结构会适时下降。

4. 负债融资的资产约束效应

负债融资的资产约束效应是控股股东获取负债融资利益的另一种约束。Jensen（1986）认为负债融资需要定期付息、到期还本,能够约束大股东和控股股东自由攫取企业资源（尤其是财务资源，自由现金流）的能力，从而减少控股股东对公司中小股东的利益侵占，这就是负债融资的资产约束效应。首先，负债融资本身的定期付息、到期还本能够约束控股股东对公司财务资金的占用。尤其是较大规模的负债会使得企业不得不面对定期支付较多的利息、到期还本的压力，这样便会减少控股股东实际掌握或控制的财务资源，对自由现金流的转移支取受到了限制。其次，随着公司负债规模的扩大，债权人为了保证自身权益不受侵害，获得合同约定的本息收入，便会采用必要的手段对债务人行为进行有效的制约。第一，会通过各种途径加强对企业的监管，降低债权人与控股股东矛盾冲突现象①的发生；第二，会尽量减少对企业的后续资金支持，减少针对受控股股东侵害的公司进行借款；第三，寻求融资保障，大幅度提高负债融资利率水平。由此可见，负债融资的资产约束效应能够限制控股股东自由地处置公司资产，增大了其获取控制权私有收益的成本。控股股东为了能够灵活地侵占公司资源，在公司资本结构中，会减少负债融资，控股股东对负债融资也会趋于谨慎，降低所控制公司的负债比例。

以上四种负债融资的治理效应从不同的方面阐明了大股东、控股股东影响目标公司负债融资决策的机理。一方面，负债融资的股权非稀释效应使得控股股东能够继续有效地控制目标公司；负债融资的可控资源效应能够扩大大股东和控股股东控制并进行侵占的公司资源；在这两种效应的作用下，控股股东往往能够保证自身的控股地位不受影响，扩大可控制的财务资源，使用较少的股权资本有效地控制公司更大规模的财务资源。这样，大股东和控股股东往往具有负债融资冲动，在外部融资选择中更偏好负债融资。另一方面，负债融资是一种典型的风险性融资活动，虽然能够给公司带来外部资金，增加终极控制股东的可控资源，但是由于负债融资具有定期付息、到期还本的压力，可能会造成公司的现金流紧张，引发财务危机，甚至会造成公司破产。负债融资的破产威胁效应增加了大股东和控股股东控制权丧失的可能性，不利于从目标控制公司获得控制权私有收益；负债融资的资产约束效

---

① 按照资本结构委托代理理论的研究成果，债权人和股权人之间的委托代理冲突主要表现为如下形式：公司股东的资产替代现象、投资不足现象和直接转移财富。

应限制了大股东和控股股东进行资源侵占的能力,同样不利于从目标控制公司获得控制权私有收益;在这两种效应的作用下,考虑到自身利益,大股东和控股股东的负债融资动机将会减弱,采用负债融资时往往也比较谨慎。

3.2.2 终极控制股东负债融资的选择分析

终极控制股东是控股股东进一步演变而来的,是股权集中进一步深化的产物。终极控制股东特殊的控制权结构使其行为偏好明显与大股东、控股股东不同,有必要在前文分析的基础上进一步阐述负债融资治理效应对终极控制股东行为的影响。

1. 股权融资的股权非稀释效应

与传统股权集中情况不同,在终极控制背景下股权融资也具有股权非稀释效应。

通过图 3-1 可以清晰地对终极控制股东控制下的股权融资非稀释效应进行阐释。

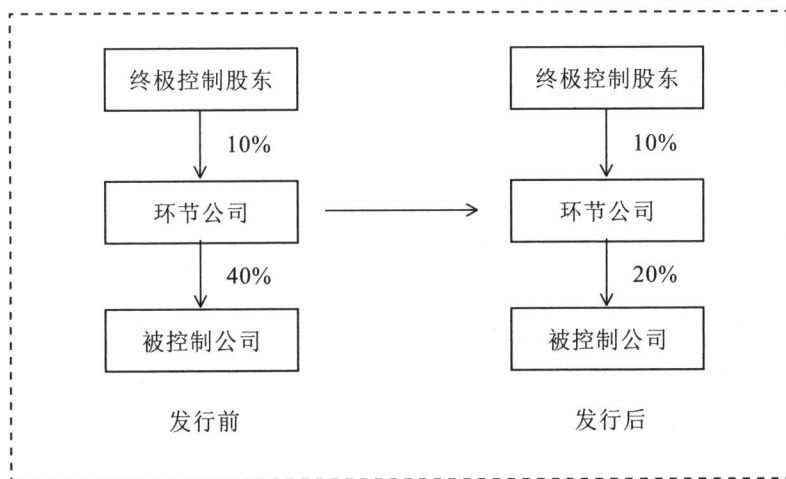

图 3-1　股权融资的股权非稀释效应

假设:①模型中包括了三类主体,即终极控制股东、中间环节公司和目标控制公司;②为简化分析,终极控制股东选择单一链条控制模式并通过中间环节公司对目标控制公司形成终极控制;③在单链条下终极控制股东对中间环节公司的最低持股比例为 10%，并且始终保持不变；④中间环节公司中的底层公司（直接控制公司）对目标控制公司的持股比例在发行新股前为 40%，在新股发行并产生稀释后，直接控制公司对目标控制公司的持股比例变为 20%，并且该比例能够保证直接控制公司持续成为目标控制公司的控股股东。

由假设③和假设④可知，在目标控制公司发行股票前后直接控制公司对其的持股比例始终高于终极控制股东对环节公司的最低持股比例（10%），因此目标控制公司新股发行并没有改变在单一控制链条下终极控制股东的控制权比例（依旧为 10%），这便形成了终极控制下的股权融资非稀释效应。

可以看出，其实这一效应具体是指终极控制股东的终极控制权在一定条件下不会受到目标控制公司股票融资的影响，而并非指直接控制公司对目标控制公司的直接持股比例（以下简称直接持股比例）不受影响。只有在目标控制公司新股发行前后，终极控制权始终小于直接持股比例的情况下，才会出现股权融资的股权非稀释效应，从而终极控制股东对目标控制公司的终极控制权不会被稀释。一旦终极控制权由直接控制权决定，终极控制权便会受到股权融资稀释效应的影响，终极控制股东的持股比例可能会因新股发行而下降，此时只有负债融资具有股权非稀释效应。

考虑到无论是股权融资还是债券融资，都能够增加公司的可控资源，都是终极控制股东获取私利的重要资源，终极控制股东影响目标控制公司的资本结构时应当考虑股权非稀释效应发生的不同情况。如果股权融资的股权非稀释效应发挥作用，没有造成终极控制股东的终极控制权下降，那么终极控制股东可能偏向于选择股权融资[①]；反之，如果负债融资的股权非稀释效应发挥作用，造成终极控制股东的终极控制权下降，那么终极控制股东可能会偏向于选择负债融资。

2. 终极控制股东负债融资的偏好分析

负债融资的股权非稀释效应和可控资源效应是终极控制股东偏好负债

---

①负债融资具有破产威胁效应和资产转移限制效应，对控制股东的负债融资选择进行了约束。

融资的主要原因。

Boubaker（2007）对终极控制股东融资偏好分析发现,通过负债筹集资金可以保证终极控制股东对目标控制公司的有效掌控不受影响,同时还能够使得可控资源不断扩大,也就是说负债融资的股权非稀释效应和可控资源效应发挥了作用。不过相对于大股东和控股股东,这两种效应对终极控制股东负债融资选择的影响将更为明显。在两权偏离度提高的情况下,终极控制股东能够保证其通过较少的投入便能从被控制公司获取极大的收益。这种成本收益不对等的控制权结构会持续刺激终极控制股东在保持对公司终极控制权不变的前提下,不断地进行负债融资,扩大其能够侵占的财务资源。Faccio 等（2001）、孙健（2005，2008）、邹平等（2007）等均认为终极控制股东通过增加负债获得更多的可控制的资源,并从中获取控制私利。而Du 等（2010）通过对中国台湾地区企业数据进行定量研究,认为台湾地区企业受到负债融资的股权非稀释效应的影响,终极控制权偏离度与负债融资呈现正向关系,偏离程度越高,越会进行较多的负债融资。由此可见,终极控制股东为了有效控制目标公司并扩大可控资源,偏好于目标控制公司进行负债融资。

3. 终极控制股东负债融资的约束分析

随着负债融资的不断增加,负债融资的资产约束效应对终极控制股东发挥作用,负债融资使得目标控制公司内部和外部约束也逐渐增多,造成了企业资源转移受到限制,终极控制股东的攫取动机将会受到遏制。同样,随着负债融资的不断增加,负债融资的破产威胁效应对终极控制股东也在发挥作用。负债融资的不断累积将会增大公司的财务拮据风险,一旦公司经营所产生的现金流入不能满足负债融资的本息支付时,公司不可避免地将面临破产清算的可能,终极控制股东的控制地位将会丧失,从而不能再从目标控制公司中获取控制权私有收益。理论上看,基于负债融资的资产约束效应和破产威胁效应,为了保证控制权不变,更自由地、持续地攫取公司资源,终极控制股东同样也会与传统的控股股东一样作出相对谨慎的负债融资决策,从而引起目标控制公司资本结构的下降。

不过应该意识到,终极控制股东不同于传统的控股股东,由于自身终极控制权高于现金流权,其侵害公司中小股东利益的成本较小,这样终极控制股东更偏向于通过各种方式操纵公司资源、侵害目标控制公司利益,追求控制权私有收益。而且随着两权偏离度的增加,终极控制股东的侵害动机会逐渐加大,侵害力度也会不断加强。虽然负债融资的破产威胁效应和资产约束效应会影响到终极控制股东的负债融资偏好,但是这种影响程度相对有限。

第一,虽然存在负债的破产威胁效应,但是控股股东依然会在条件允许的情况下尽可能进行负债融资,究其原因是破产风险的有限责任(Black et al., 1973)。由于现代公司股东仅仅以出资额为限承担有限责任,在显性和隐性利益的诱惑下,使得终极控制股东面对破产风险时可能仍会继续影响目标控制公司进行负债融资。

第二,金字塔结构、交叉持股、持有复式投票权股票等控制方式往往能够提高终极控制股东的隐形控制权,这便可以将自身的偏好隐藏起来,即使负债融资致使目标控制公司发生违约,甚至破产清算,也很难追溯到终极控制股东的责任,终极控制股东的市场声誉不会因此而受到影响。即使破产真的发生,终极控制股东也仅仅以其现金流权为限承担责任,损失中的大部分可能都可以转嫁给其他投资者,包括债权人、中小股东和直接控股股东等。

第三,终极控制股东通过负债融资活动所得的收益与其所承担的损失明显不对称。传统控股股东的控制权取决于其对公司投入所形成的直接控股权,同时直接控制权还能够衡量控股股东的实际投入,直接控制权越高,控股股东的资本投入就越多。与传统控股股东不同,终极控制股东通过特殊的股权控制结构形成对目标控制公司的实际控制。终极控制权决定了终极控制股东对被投资企业的实际控制,现金流权决定了终极控制股东对被控制企业的实际投入,前者往往大于后者,也就是表明终极控制股东以较小的代价形成了对公司的实际控制,现金流权越小,表明终极控制股东的控制代价越小,控制效果越好。在发生债务融资风险时,这种终极控制权结构使得终极控制股东所承受的直接损失较小(现金流权较小),承担的公司破产成本有限,终极控制股东便能够以有限的投入得来更多的控制权私有收益,能够通过针对公司的掏空行为和转移资源行为获得更多的好处,却又不需要承担太多的成本。

第四,与传统的控股股东明显不同,负债融资的破产威胁效应对终极控制股东的影响有限。特殊的终极控制权结构,一方面使得终极控制股东侵害目标控制公司收益成本不对称；另一方面，使得终极控制股东的声誉不会受到目标控制企业破产的影响。因此，由负债融资而引发的破产威胁对终极控制股东的危害有限。

第五，与传统的控股股东明显不同，负债融资的资产约束效应对终极控制股东的影响同样有限。终极控制股东能够利用自身控制的众多公司形成完整的内部资金调配市场，能够将负债融资所产生的财务风险通过内部渠道分散。在终极控制权背景下，负债融资所产生的财务风险能够通过终极控制股东所控制的内部资本市场进行有效的分散，终极控制股东可以整合控制链条中的各个环节公司进行协调，利用循环担保、内部贷款和转移定价等方式，加强内部资金往来，便利了整个控制链条中的企业缓解债务融资约束。多层次的控制链条使得终极控制股东能够通过内部控制公司之间的相互协作有效地化解集团内部的负债融资约束。因此，负债融资的资源转移限制效应不能很好地约束终极控制股东的侵害行为，该效应的影响有限。

基于以上五点分析可以发现，对负债融资而言，终极控制股东只需用很小的代价来承担侵害目标控制公司所产生的后果，收益成本明显不对等的控制权结构致使终极控制股东更关注如何攫取和侵占公司资源，侵害其他股东的利益，而较少在乎目标控制公司决策所带来的经营风险。终极控制股东更看中被控制公司进行负债融资所带来公司财务资源的增加，从而便于其获得负债融资所产生的大部分收益，因此终极控制股东往往会轻视负债融资的破产威胁效应和资产约束效应。而且对于中国而言，资本市场建设还不完善，尤其是退市制度还有待进一步细化和规范。这样就造成一旦出现重大债务违约，上市公司往往能够通过各种社会资源、利用各种手段进行企业重组，不会轻易地退市、破产和清算。这样终极控制股东影响目标控制公司采取风险型负债融资的成本就会进一步降低，动机会进一步增强。尽管如此，这并不意味着负债融资的破产威胁效应和负债融资的资产约束效应对终极控制股东没有任何约束。终极控制股东获得控制权私有收益，一个必要条件就是公司必须存续，如果公司破产消亡，控股股东的控制权就会丧失，那么终极控制股东通过直接控股股东所形成的隐形控制权也就不会存在，这意味着终极控制股东不能再通过特殊的股权结构获取较高的控制权私有收益。同时，内部资本市场在解决资产转移约束效应所产生的问题时，必然会产生隐性和显性的成本，这不利于终极控制股东便利地获取控制权私有收益。因此，虽然负债融资的破产效应和资产约束效应不足以改变终极控制股东的负债融资偏好，不过终极控制股东仍然会对两种效应时刻保持关注和警惕。

3.2.3 终极控制权结构影响资本结构的机理分析

终极控制权、现金流权和两权偏离度是衡量终极控制股东行为特征和终极控制权结构特征的三个重要的指标，它们既有联系，也有区别，有必要逐一地分析这些因素影响目标控制公司资本结构的内在机理。

1. 终极控制权影响资本结构的机理分析

任何主体想掌控一家企业必须要拥有控制权，控制权的衡量主要是通过持股比例来计算的，持股比例越高，投资者对一个公司的掌控能力也就越强。在股权集中背景下，控股股东能够通过相对多的直接持股比例达到控制公司的目的。不同于控股股东，终极控制股东不是通过直接控制权而是通过终极控制权实现对目标控制公司的隐形控制。在单链条控制模式下，终极控制权是以整个链条中各环节最低持股比例来衡量的。当终极控制权小于其控制企业的直接控制权时，股权融资的股权稀释效应发挥作用；两者差距越大，终极控制股东的控制能力越会受到保护，终极控制股东越有能力去侵占公司资源。由此可见，终极控制权越小，那么在直接控制权不变的情况下，终极控制股东越有能力选择股权融资，允许直接控制权在一定程度上被稀释。但是随着终极控制权不断地提高，当其越来越接近直接控制权时，终极控制股东与直接控制权将趋于一致，那么终极控制股东将会选择目标控制公司进行负债融资，从而不会稀释自身的控制权。

不过对此也有不同的观点，有学者认为终极控制股东控制企业有必要设定一个最低的有效控制权。终极控制股东的终极控制权高于有效控制权时，会出现控制权真空（韩亮亮 等，2007）。终极控制权越高，两者差距就会越大，此时股权融资的股权稀释效应不会影响到终极控制股东的实际控制权，不会影响到终极控制股东的侵害能力，这样终极控制股东的股权融资能力将会变强。反之，当终极控制股东所持有的终极控制权变小时，股权融资会带来股权稀释效应，终极控制股东为了保证自身的控制能力不受影响，将会选择负债融资。另外，终极控制股东存在控制权防守动机（韩亮亮 等，2013），在较高的控制权水平之下，终极控制股东不会担心自身控制权被稀释的，而在控制权较低水平下，终极控制股东的控制能力可能会受到影响，因此在这种情况下终极控制股东会促使目标控制公司采用负债融资以保证自身的控制地位。所以，终极控制股东控制权与公司负债水平负相关。

综合来看，以上几种分析路径都有其合理之处，本书认为终极控制权对目标控制公司资本结构的影响应当分成两个阶段进行分析，当终极控制权低于直接控制权，发生控制权不一致时，终极控制股东会选择股权融资。当控制权一致时，在较高的水平下，偏好选择股权融资；而在较低水平下，偏好选择负债融资。

2. 现金流权影响资本结构的机理分析

现金流权代表着终极控制股东进行控制的真实付出。现金流权提高，终极控制股东在从公司可能取得更多收益回报的同时也付出了较大的实际支出，从而与目标控制公司其他利益人能够尽可能地保持利益一致，这样终极控制股东会对目标控制公司从事风险性活动作出相对谨慎的影响；相反，当现金流权下降，终极控制股东与其他权益投资者的利益冲突开始加大，目标控制公司从事风险性活动给终极控制股东造成的潜在损失较小，终极控制股东便会偏好于从事符合自身利益最大化的活动，即使该活动会对目标控制公司带来损害。考虑到负债融资的四种治理效应，从终极控制股东控制成本和收益角度看，现金流权增加能够促使终极控制股东降低负债融资的意愿，也可以认为现金流权对终极控制股东的负债融资偏好具有约束调节效应。

一方面，在负债融资资产约束效应和破产威胁效应的影响下，现金流权增加能够遏制终极控制股东的负债融资偏好。现金流权越高，获取私有收益的成本就越高，从事风险性活动而遭受的损失也就越大，越容易与目标控制公司其他投资者达成利益一致，从事有利于目标控制公司整体利益的经营活动。负债融资具有资产约束效应，会造成目标控制公司不能随意地处置财务资源，经营约束增大，不利于公司整体的稳定经营。负债融资具有破产威胁效应，倘若公司因负债过多而不能按时付息还本而致使公司破产后，不仅目标控制公司的所有投资者都将不能够继续获取经营回报，而且终极控制股东所承担的损失成本也较大。为了避免这些情况的出现，终极控制股东往往会谨慎选择负债融资。所以，现金流权减弱了终极控制股东的负债融资偏好。另一方面,负债融资所引起的负面影响,会使得现金流增加的背景下,降低终极控制股东的负债融资倾向。比如过度地进行负债融资可能致使公司价值下降,当终极控制股东保持高现金流权时,在利益协同效应的作用下将会影响目标控制公司降低负债融资。

综上所述,一方面现金流权可以直接减少终极控制股东的负债融资倾向,另一方面现金流权也可以减弱两权偏离度与目标控制公司资本结构之间的正向关系(La Porta et al., 2002;葛敬东,2006;吕长江 等,2001)。

3. 两权偏离度影响资本结构的机理分析

两权偏离度不仅能够反映出终极控制股东获取控制权私有收益的动机和能力,而且也反映出终极控制股东侵害目标控制公司的程度。两权偏离度越高,终极控制股东就越愿意进行隧道侵害,扩大可控资源,追求控制权私有收益。对于负债融资而言,就是偏好目标控制公司增加负债融资。

首先,随着偏离度的不断提高,负债融资的股权非稀释效应和可控资源效应对于终极控制股东的影响更大。一方面,当两权分离度较低时,负债融资的股权非稀释效应更强。为了保证自身终极控制地位,终极控制股东一般会倾向于目标控制公司选择负债进行外部融资。另一方面,随着两权分离程度不断地提高,负债融资的可控资源效应会更强,更关注如何通过负债融资扩大自身的可控资源。

其次,随着偏离度的不断提高,负债融资的破产威胁效应和资产约束效应对终极控制股东影响减弱。一方面,从控制收益成本角度分析。特殊的控制权结构使得终极控制股东利用多种形式对企业进行掌控,产生了两权偏离现象。两权偏离使得终极控制股东在面对破产威胁和资产约束时承担的实际成本将会较低。即便负债融资会带来公司经营的不确定性,但其在利用负债融资扩大可控制公司资源时,只需要承受较少的现金流权成本,便能获得负债融资所带来的较多的现金资源。而且这种显著不对等的收益损失关系在两权分离度不断地加大时会进一步加强,终极控制股东承担的风险会更低,从而其更偏好负债融资,获取负债融资利益。另一方面,从控制结构的复杂程度分析。复杂的控制结构使得两权偏离度不断提高,终极控制股东能够在复杂的控制结构下很好地隐藏,在公司出现危机时,自身的声誉不受影响;内部资本市场能够缓解资产约束效应对目标控制公司带来的约束。

综合来看,在偏离度不断地提高的前提下,负债融资引发的破产威胁和资源转移约束对终极控制股东的影响有限。

3.2.4 终极控制权结构影响资本结构的一个简单理论模型

通过前文分析可以发现,终极控制股东通过特殊的方式对目标控制公司进行有效控制,从而追求控制权私有收益和可控制资源,在负债融资的股权非稀释效应和可控资源效应的作用下,致使目标控制公司加大负债融资。为了获取最大利益,终极控制股东会在目标控制企业进行资本结构选择时,作出有利于自身利益的决策安排。下面就利用一个简单的最优化模型来说明这一过程。

首先,对模型的假设条件进行说明:

第一,假设存在一个目标控制公司 Z,该公司具有直接控股股东 S。假设 S 对目标控制公司形成的控制权比例为 θ（$0<\theta<1$）,终极控制股东对直接控股股东 S 进行控制所形成的现金流权为 $\prod\limits_{i=1}^{n} w_i$,其中 $0<w_i<1$。因此,终极控制股东对目标控制公司进行控制所形成的现金流权量为 $a=\theta\prod\limits_{i=1}^{n} w_i$。

第二,假设目标控制公司 Z 要进行新项目融资,需要资金量为 A,该公司能够利用债务融资筹集的资金量为 B,同时债务融资成本率为 d。

第三,假设公司 Z 在项目存续期内能够产生收益 $A^\alpha-dB$,其中 α 为项目的资金投入产出系数,依据投资收益递减规律,该系数的取值范围为（0,1）。

第四,假设直接控制股东 S 能够通过各种手段从目标控制公司 W 处获得控制权私有收益 X,$C(X)$ 是 S 获得 X 的成本。当不能获得私有收益时,$C(0)=0$;当控制股东侵占目标控制公司的控制权私有收益越多时,$C_x(X)>0$;当 S 侵占公司的控制权私有收益逐渐增多时,那么侵占私利的边际成本将会增加,即 $C_{XX}(X)>0$。

第五,假设终极控制股东为理性人,通过各种方式获取控制权私有收益能够弥补其付出的成本,即 $0\leq C(X)<X$。

其次,分析在没有终极控制股东的情况下控股股东的效用最大化问题。既然没有终极控制股东,也就不存在两权偏离现象,在这种情况下,控股股东的效用最大化目标函数如下：

$$\max U(A, X)=X-C(X)+\theta\int_0^\infty (A^\alpha-dB)\mathrm{e}^{-rt}\mathrm{d}t$$

$$=X-C(X)+\theta\int_0^\infty [(B-X)^\alpha-dB]\mathrm{e}^{-rt}\mathrm{d}t$$

$$\mathrm{st}: dB-(B-X)^\alpha\leqslant 0$$

式中，r 为无风险收益率，t 为项目存续期。

依据以上控股股东的效用最大化函数和行为约束条件，进行库恩-塔克条件求解，结果如下：

$$\frac{\theta\alpha(B-X)^{\alpha-1}}{r}\frac{\theta d}{r}-\mu d+\mu\alpha(B-\alpha)^{\alpha-1}=0$$

$$\frac{\theta\alpha(B-X)^{\alpha-1}}{r}+1-C(X)-\mu\alpha(B-\alpha)^{\alpha-1}=0$$

$$\mu[dB-(B-X)^\alpha]=0$$

$$dB-(B-X)^\alpha\leqslant 0$$

式中，μ 为拉格朗日乘数。

进一步在上面给出的库恩-塔克条件，可以得到两个重要的结论：

$$C_x(X^*)=1-\frac{\theta d}{r}, \quad B^*=(\frac{d}{\alpha})^{1-\alpha}+X^*$$

最后，分析存在终极控制现象下终极控制股东的效用最大化问题，Z 的控股股东的效用最大化目标函数如下：

$$\max U(A, X)=X-C(X)+\theta\prod_{i=1}^n w_i\int_0^\infty (A\alpha-dB)\mathrm{e}^{-rt}\mathrm{d}t$$

$$=X-C(X)+\theta\prod_{i=1}^n w_i\int_0^\infty [(B-X)\alpha-dB]\mathrm{e}^{-rt}\mathrm{d}t$$

$$\mathrm{st}: dB-(B-X)^\alpha\leqslant 0$$

依据以上控股股东的效用最大化函数和行为约束条件，进行库恩-塔克条件求解，结果如下：

$$\frac{a\alpha(B-X)^{\alpha-1}}{r}\frac{\theta d}{r}-\mu d+\mu\alpha(B-\alpha)^{\alpha-1}=0$$

$$\frac{a\alpha(B-X)^{\alpha-1}}{r}+1-C(X)-\mu\alpha(B-\alpha)^{\alpha-1}=0$$

$$\mu[dB-(B-X)^\alpha]=0$$

$$dB-(B-X)\alpha\leqslant 0$$

根据上面给出的库恩 - 塔克条件,可以得到两个重要的结论:

$$C_x(X^{**})=1-\frac{ad}{r}, \quad B^{**}=(\frac{d}{a})^{1-a}+X^{**}$$

比较不存在终极控制现象和存在终极控制现象的结论,$C_x(X^*)<C_X(X^{**})$,因为$C_{XX}(X)>0$,所以$X^{**}>X^*$。由此可见,终极控制股东可以借助负债融资得到更多的控制权私有收益。进一步在$X^{**}>X^*$的情况下,依据存在终极控制现象和不存在终极控制现象所得到的结论,$B^{**}>B^*$,由于假设公司Z为了进行项目筹措资金仅仅采用负债融资,目标控制公司的负债融资比例较之不存在终极控制权现象的情况下将会扩大。

综上可见,终极控制股东能够利用复杂的控制结构对目标控制公司进行控制,从而追求控制权私有收益。负债融资能够增加目标控制公司的财务资源,终极控制股东愿意通过影响目标控制公司的负债融资决策增加可控资源,从而追逐更多的控制权私有收益。

3.3 终极控制权结构影响技术创新的机理分析

终极控制权结构能够影响目标控制公司的技术创新,这种影响主要表现在以下三个方面。首先,终极控制股东在特定情况下可以促进目标控制公司开展技术创新;其次,在不合理控制权结构下,随着两权偏离度的提高,终极控制股东可能会抑制目标控制公司的技术创新;最后,受不同技术创新模式特点的影响,终极控制股东会依据自身利益匹配选择目标控制公司进行适合的技术创新模式。

3.3.1 激励效应分析

在股权集中的背景下,终极控制股东对目标控制公司进行控制所形成的特有控制结构能够促进和激励企业进行技术创新。

1. 现金流权对技术创新的激励效应分析

现金流权是终极控制股东获得正常投资回报的基础。终极控制股东能够按照现金流权获取目标控制公司正常的经营收益。同时,现金流权也代表了终极控制股东对目标控制公司进行控制的实际投入。现金流权水平越高,终极控制股东真实投资成本也就越高。此时,如果目标控制公司因为经营不善而引发亏损或利润下降,那么终极控制股东便会因现金流权过大(付出较高的实际投资成本)而遭受重大的实际损失。在这种背景下,实际投资成本的上升将促使终极控制股东和普通权益投资者达成利益一致,进而产生利益协同效应。随着目标控制公司不断地取得经营收益,终极控制股东能与其他权益投资者一起获得正常的公司经营利润,这促使终极控制股东从整体利益出发对目标控制公司的重要事项进行合理的决策影响。技术创新具有高风险、高收益的特征,虽然短期会增加企业经营的不确定性,但是长期来看,将有利于企业提高经营收益、获取更多的经营利益。所以技术创新一直是企业经营发展过程中最为重要的活动,不断地开展技术创新是企业长期保持竞争力的必要环节。现金流权的逐步提高,增加了终极控制股东的投入成本,使其个体利益与公司整体利益逐步保持一致,并尽可能地实现利益趋同,终极控制股东与普通权益投资者在有助于公司发展的项目决策中尽可能地达成一致意见。既然技术创新能够保证公司持续、长期的竞争力,那么随着现金流权的不断提高,终极控制股东愿意推动目标控制公司开展技术创新,从而促进企业发展。

由此可见,在利益协同效应的影响下,现金流权对目标控制公司的技术创新存在激励效应。

2. 终极控制权对技术创新的激励效应分析

一般而言,终极控制权越大,终极控制股东的控制力度就越大。自从公司经营权和所有权相分离后,第一类委托代理问题一直是公司治理关注的重要问题。公司社会化趋势的发展,使得内部经营管理者和权益投资者的矛盾不可避免地在任何环境下发生,结果造成经营管理层往往会进行"隧道侵害"。由此出发,公司治理的一个重要任务便是解决或缓和内部经营管理者的隧道侵害行为。但在传统背景下,普通投资者往往受能力和动力的影响,不愿意或没有办法对内部经营管理层进行有效的监督。有研究表明,股权集中下控股股东有能力缓解公司内部经营管理层和权益投资者的利益冲突,终极控制权的提高有助于终极控制股东缓解第一类委托代理问题。当终极控制权处于合理水平时,尤其是终极控制权处于较低水平时,终极控制股东追求隧道侵害的能力还不足,容易受到公司其他利益相关者的制约,终极控制股东和普通权益投资者能够尽可能地保持利益一致。受"利益协同效应"影响,终极控制股东有动力去管控经营管理层的自利行为。同时,由于在掌握信息、经营管理经验、监控能力等多个方面都较之普通权益投资者水平程度要高,所以终极控制股东能够利用信息和管理优势缓解内部经营管理者与权益投资者之间的矛盾,限制经营管理层的侵占行为。由此可见,终极控制股东既有动力,也有能力去对公司经营管理层进行管控,从而降低第一类委托代理成本。有研究发现股权集中在适度改善第一类委托代理问题的情况下,可以使得公司内部管理人员高效地开展技术创新(冯根福 等,2008)。由于技术创新是公司长期发展和持续增长的重要推动力,当终极控制权处于合理水平时,终极控制股东与普通权益投资者保持利益一致,便会共同协作督促公司进行技术创新,通过缓解股东和经营管理层之间的矛盾,降低委托代理成本,督促经营管理者按照股东意愿更好地进行技术创新。

由此可见,假若终极控制权保持在合理的范围内,终极控制股东对目标控制企业开展技术创新具有促进作用,终极控制权对目标控制公司技术创新存在激励效应。

3.3.2 抑制效应分析

在股权集中的背景下,终极控制股东对目标控制公司进行控制所采用的特有控制结构也会抑制目标控制企业进行技术创新,减少目标控制公司的技术创新。

1. 现金流权对技术创新的抑制效应分析

现金流权对目标控制公司技术创新存在抑制效应。在现金流权较高的水平或者现金流权不断地提高的情况下,终极控制股东与普通权益投资者能够保持利益一致,在"利益协同效应"的作用下,会以公司整体利益为根本,双方共同推动公司开展技术创新。与此相反,倘若现金流权水平较低或下降,那么终极控制股东为了控制目标控制公司而付出的真实投资成本减少,这表明终极控制股东能够以较低的成本形成对目标控制公司的真实控制。此时,终极控制股东与普通权益投资者的利益往往不再保持利益一致,出于追求自身利益最大化的考虑,终极控制股东便会不顾及普通权益投资者的利益,利用公司资源进行不利于公司整体发展的经营管理活动(唐跃军 等,2012),以便在获得正常收益的同时,实现更多的控制权私有收益。

就技术创新而言,技术创新的积累性、风险性、收益的时滞性都不利于终极控制股东获取控制权私有收益,这会降低其推动目标控制公司开展技术创新的意愿。

首先,技术创新是一种长期活动,具有积累性。技术创新活动往往收益见效慢、外部约束强,出于获取控制权私有动机的考虑,终极控制股东很难深入地参与到有利于公司发展的技术创新活动中。技术创新投入往往呈现周期长、见效慢、持续性强等特征,要求目标控制公司持续、稳定地对技术创新的各个阶段进行资源投入,很多阶段不仅不能产生直接的收益,反而要占用目标控制公司大量的经营资源,同时也会增加较多经营约束,从而减少了终极控制股东的可控资源,增加了获取控制权私有收益的成本,这不利于终极控制股东追逐控制权私有收益。所以终极控制股东出于追求收益最大化的目标,是不愿意目标控制公司开展技术创新的。技术创新的积累性也要求企业采用财务松弛策略,为了给技术创新提供长期、稳定、大量的资金,应当首选内部融资方案,其次才是外源融资(股权融资、负债融资)。对于负债融资而言,考虑到技术创新的特性,债权人往往会提高借款利率和附加约束条件来保护自身权益,而且随着终极控制股东的侵害行为逐渐暴露,债权人会进一步提高公司的融资成本和附加更严格的约束条件,使得企业财务拮据和经营管理受到约束。这不仅限制了企业的创新能力,而且也约束了便利处置目标控制公司财务资源的行为,从而不利于终极控制股东获取控制权私有收益。由此可见,受到创新的积累性的影响,终极控制股东为了能够持续地获得控制权私有收益,将会抑制目标控制公司的技术创新活动。

其次,技术创新具有不确定性、风险性,是一种高风险的经营活动,终极控制股东往往不愿意从事影响其获取控制权私有收益的高风险活动,技术创新的高风险性使得终极控制股东降低了促使目标控制公司进行技术创新的意愿。无论是何种因素引发的创新风险,最终都会引发目标控制公司财务恶化、经营约束增大、破产风险加大,使得终极控制股东的攫取利益的活动受到限制,这不利于终极控制股东从目标控制公司获取控制权私有收益,所以终极控制股东偏向于减少目标控制公司的技术创新。受到创新的风险性的影响,终极控制股东所控制的目标控制企业将会减少技术创新的开展。

最后,技术创新能够给企业带来未来的收益增长,具有高收益性。但是技术创新的投入和回报之间存在一个较长的时滞,所以终极控制股东虽然存在能够从创新中获取高收益的可能,但是由于技术创新回报和投入的时滞会影响终极控制股东短期内获取控制权私有收益,从而使得终极控制股东不愿意目标控制公司进行技术创新。

由此可见,受到创新的各种特性和终极控制股东行为偏好的影响,目标控制企业将会减少技术创新的开展,减少技术创新投资。

2. 终极控制权对技术创新的抑制效应分析

终极控制权对目标控制公司技术创新存在抑制效应。如前文所述,在终极控制权处于合理水平的情况下,终极控制股东的侵害意愿不强,能够与普通权益投资者保持利益一致,以公司整体利益为根本,合理地进行公司治理,缓解第一类委托代理问题,共同促进公司技术创新的开展。不过,随着终极控制权的逐步提高,终极控制股东对目标控制公司的控制能力便会不断地增强,这便促使终极控制股东为了满足自身利益最大化而不断地扩大可控资源和追求更多控制权私有收益,从而致使目标控制公司进行有利于自身而损害普通投资者的经营管理活动。一旦终极控制权偏离了合理水平,由于公司内部经营管理层、董事会往往会受到终极控制股东的影响和控制,从而使得公司内部治理不能够对终极控制股东的自利行为产生有效的制约(曹廷求等,2009;陈金勇 等,2013)。终极控制股东不仅不会积极改善第一类委托代理问题,而且还可能会与公司内部经营管理者产生"合谋"(徐向艺 等,2013),共同侵害目标控制公司,这不利于目标控制公司作出合理的技术创新决策。

由此可见,在终极控制权提高并超出合理水平的情况下,目标控制企业的技术创新将会减少。

3. 两权偏离度对技术创新的抑制效应分析

两权偏离目标控制公司技术创新存在抑制效应,减少目标控制公司的技术创新。现金流权的不断提升，有助于终极控制股东控制的目标控制公司开展技术创新；但在现金流权持续降低后，目标控制公司的技术创新会受到抑制。同时也发现，终极控制权在合理的范围内能够改善第一类委托代理问题，从而促进目标控制企业进行技术创新，而随着终极控制权的不断提高，在偏离合理范围之后，终极控制股东便会与经营管理者"合谋"并侵害公司利益，这不利于目标控制企业合理地开展技术创新。不过，真正反映终极控制权侵害程度的指标并不是独立的终极控制权和独立的现金流权，而是综合两者之后形成的终极控制权与现金流权的偏离度，它反映出终极控制股东获取控制权私有收益和进行隧道侵害的能力。终极控制权和现金流权偏离后，形成了低成本投入的高控制权结构，这也是终极控制股东追逐控制权私有收益的最重要的原因。在终极控制权和现金流权偏离的情况下，终极控制股东更愿意使用各种方法扩大控制资源和追求控制权私有收益，从而损害普通权益投资者的利益。随着两权分离程度的提高，终极控制股东的控制能力便会加强，追求控制权私有收益的意愿越大，对普通权益投资者的损害就会越大，对公司的隧道利益攫取也会越多。可见，终极控制权与现金流权的偏离对目标控制公司存在侵占效应。从文献看，Shleifer 和 Vishny（1997）、La Porta 等（2002）、曹延求等（2009）、程仲鸣等（2016）、唐跃军等（2012）等均发现了这一现象。

技术创新是一种从长远看能够为公司发展提供持续动力的经营活动。技术创新在给企业带来未来高收益的同时，也使得企业经营增加了不确定性，同时由于技术创新需要持续、稳定、长期的创新投入和较强的经营管理能力，使得企业资源被大量占用，经营和财务约束增大，经营和财务风险提高，破产可能性增大，这些情况都不利于终极控制股东获取控制权私有收益。为了避免这些情况的出现，终极控制股东往往不能持续、高效地支持目标控制公司进行技术创新。不仅如此，两权偏离度的提高带来企业价值和绩效下降、内部治理成本上升、财务拮据、破产风险加大等问题，这些问题会降低目标控制企业的吸引力，使得外部投资减少，目标控制企业丧失自我输血的能力，最终抑制了目标控制企业的技术创新。

由此可见，随着终极控制权的提高，现金流权的下降，两权偏离度将会不断地提高，终极控制股东的控制能力也会逐渐地增强，利益侵害动机变大，主动、高效促使目标控制公司进行技术创新的动机减弱,将会使目标控制企业减少技术创新活动。

3.3.3 终极控制权结构影响技术创新模式的机理分析

技术创新存在差异,一种典型的划分是将技术创新按照模式进行了分类,一种是探索式创新,另一种是开发式创新。探索式创新所进行的技术创新周期长、不确定性大、潜在预期收益高,是公司运用现有资源进行新知识、新技术研发和新产品、新市场拓展的技术创新,是一种激进式创新;开发式创新所进行的技术创新周期短、不确定性低、潜在预期收益低,是公司在原先的经营管理范围内,进行知识、技术改良和原有产品、市场完善的技术创新,是一种改良式的创新。在现代企业制度下,探索式创新和开发式创新对公司价值有积极作用(Birkinshaw et al.,2004;李剑力,2009)。理想的状态下,公司应当全面运用两种创新模式进行技术创新,进而实现公司的长远、协调发展(Levinthal et al.,2010)。然而,一方面公司投入技术创新的整体资源是有限的;另一方面两种创新模式都具有自身的模仿学习性,这样公司在创新时往往会偏向于重点采用其中一种模式,这便使得探索式创新和开发式创新很难同时协调发展,存在不平衡现象(Wang et al.,2008;王凤彬 等,2012)。

在股权集中背景下,终极控制股东特有的控制结构产生了控制链杠杆效应(顾群 等,2018),使其既有能力又有动力追求可控资源和控制权私有收益。如前文所述,技术创新具有自身特点,技术创新的收益时滞性、风险性、积累性一般不利于终极控制股东获取控制权私有收益,所以终极控制股东会抑制目标控制公司的技术创新,从而保证自身的侵害能力不受影响。不过对于不同的创新模式企业,终极控制股东抑制技术创新的程度或强度是有所差别的。

一方面,随着两权偏离度的提高,或者是现金流权的降低,或者是终极控制权的提高,终极控制股东的控制能力会随之提高,成本收益不对称问题更加严重,终极控制股东仅仅通过较低的成本便能够获得特定的收益。在低成本可能获取高收益的刺激下,终极控制股东将更加偏好于通过各种方式获取控制资源和追求控制权私有收益,终极控制股东更愿意目标控制公司进行高收益的项目。探索式创新相对于开发式创新,是一种收益更高的投资活动,这样终极控制股东便会更加偏好于追求高收益的探索式技术创新。另一方面，随着两权偏离度的下降，或者是现金流权的提高，或者是终极控制权的上升，使得终极控制股东所承担的投资成本增大，这使得终极控制股东的行为趋于谨慎，与普通权益投资者之间的经营管理目标将会趋向协调、一致，成本收益趋于合理，终极控制股东攫取控制权私有收益的动机将会弱化，过度投资得以减弱（俞红海 等，2010）。在目标趋向一致的情况下，终极控制股东与普通权益投资者共同协作，选择合适的项目进行投资，促进公司价值的增长，不会再盲目地直接选择高风险高收益项目投资。不过，受到控制成本上升的制约，终极控制股东往往要保证所投资项目的风险可控，这便要求终极控制股东在项目投资中量力而行，即使高风险高收益项目有利于目标控制公司整体价值提高，但如果项目失败，终极控制股东会因为较多的现金流权而付出较大的成本，那么其也要放弃这个项目。因此，相较于高风险的项目，终极控制股东会偏好于目标控制公司尽量选择低风险的项目。开发式创新项目相对于探索式创新项目是一种低风险项目，所以在两权偏离度不断下降的背景下，终极控制股东更愿意目标控制公司进行开发式技术创新。

由此可见，两权偏离度越高，终极控制股东越是愿意追求高收益项目，影响目标控制公司选择探索式技术创新；两权偏离度越低，终极控制股东越是愿意追求低风险项目，影响目标控制公司选择开发式技术创新；两权偏离度和技术创新模式存在负向关系。终极控制股东追求高收益或低风险而引发的对两类创新模式的不平衡偏好，会导致目标控制公司技术创新的不协调，不利于目标控制公司的长远、健康发展。

3.4 小结

通过本章的理论论述可以发现,控制权私有收益是终极控制权问题分析的关键。终极控制股东行为的出发点在于终极控制权和现金流权的偏离的情况下追逐控制权私有收益。特殊的终极控制结构使得终极控制股东干预目标控制公司经营管理决策的收益成本不对称,进而在目标控制公司负债融资活动和技术创新中追求扩大可控资源和追逐控制权私有收益,作出不利于目标控制公司整体利益的决策。

首先,终极控制股东由于拥有特殊的控制权控制结构,使其在进行负债融资时具有明显的优势。相对控制股东,负债融资的破产威胁效应和资产约束效应对终极控制股东负债融资偏好影响有限。不过为了稳定而持续地获取终极控制权私有收益,终极控制股东对这两种效应同样会时刻保持关注和警惕。

其次,技术创新是公司重要的经营活动,有利于公司保持持续的竞争力。终极控制股东综合考虑自身利益和技术创新的固有特性来对目标控制公司的技术创新作出决策影响:在现金流权不断增加、终极控制权合理的情况下,终极控制股东能够接受目标控制公司进行技术创新,愿意推动目标控制公司开展技术创新;在现金流权下降、终极控制权超出合理限度、两权偏离程度逐渐增大的情况下,终极控制股东将会抑制目标控制公司开展技术创新。

最后,对于异质性创新企业,终极控制股东抑制目标控制公司技术创新的程度或强度是有所差别的。终极控制股东在两权偏离度提高时会偏好目标控制公司进行探索式创新活动,而在两权偏离度降低时偏好开发式创新活动。

反映终极控制股东行为偏好和终极控制权结构特征的重要指标一般包括三种,即终极控制权、现金流权和两权偏离度。终极控制权和现金流权偏离程度是终极控制股东追逐控制权私有收益的源动力。而现金流权和终极控制权都只能从单方面对终极控制股东的特性进行反映,不仅不能准确凝练终极控制股东的行为特征,而且还会造成结论的复杂化。因此,针对终极控制股东影响资本结构、技术创新投入的研究必须从终极控制权结构最本质的特征——两权偏离度入手进行。

从理论分析所述发现,基于获取可控资源和追求控制权私有收益的动机,终极控制股东参考负债融资的股权非稀释效应、可控资源效应、破产威胁效应以及资产约束效应后,对目标控制公司的资本结构进行影响;同时,终极控制股东也会在激励效应和抑制效应的影响下对目标控制公司的技术创新活动施加影响,而且这种影响还会因异质性创新模式而产生差异。而按照资本结构产业组织理论看来,企业的创新战略是影响资本结构选择的重要原因,企业确定资本结构会参考技术创新活动要素。那么,技术创新是不是终极控制权结构影响资本结构的中介变量呢?同时,技术创新具有异质性,那么异质性创新是否会调节终极控制权结构与目标控制公司资本结构的关系呢?就这两个问题的理论探讨和实证检验,对完善资本结构理论具有重要意义,也是公司控制权资本结构理论和产业组织资本结构理论相融合的一种尝试。

第4章 终极控制权结构影响技术创新投入的实证分析

技术创新对终极控制权结构影响目标控制公司资本结构的中介效应和调节效应分析都是建立在终极控制权结构影响目标控制公司技术创新投入的基础上。正是因为终极控制股东有动力改变目标控制公司的技术创新投入，才使得目标控制公司负债融资环境和终极控制股东的负债融资偏好发生变化，进而引起目标控制公司的资本结构发生变化；同时也正因为针对不同的技术创新模式企业，终极控制权结构对目标控制公司的技术创新投入存在异质性的影响，才使得终极控制权结构对目标控制公司负债融资的影响产生了差异。因此，在分析技术创新对终极控制权结构影响目标控制公司资本结构的中介效应和调节效应之前，必须要就技术创新模式、终极控股权结构对公司技术创新投入的影响进行理论和实证分析，从而为整体研究提供坚实的理论和经验基础。

改革开放后，在人口红利、资源优势、技术承接等因素的作用下，中国经济已经保持了较长时期和较快速度的增长。近年来，随着各种条件的改变，中国经济正不断地面临着来自内外部的各种压力，这使得中国经济发展速度趋于缓和。在新环境和新形势的背景下，中国企业亟须通过实施自主创新战略，加快技术创新，促进整体经济稳步、健康和持续发展，这已经成为现阶段中国经济社会最受关注的焦点问题。与此同时，在终极控制背景下，终极控制股东有动力和能力去追求控制权私有收益，进而从事侵害目标控制公司的活动。已有研究表明，企业技术创新会受到公司治理因素的影响（O'Connor et al.，2012；刘鑫 等，2014）。因此，终极控制股东追求控制权私有收益的行为会对目标控制公司的技术创新活动产生影响。针对该问题的研究对实施自主创新战略、促进企业创新和完善公司治理结构具有重要的意义。

从前文理论分析发现，终极控制权结构最主要的特征是终极控制权和现金流权相偏离。两权偏离影响目标控制公司的技术创新，而且针对不同模式的技术创新企业，两权偏离对目标控制企业创新模式的影响存在不平衡。因此，本部分以两权偏离度为终极控制权结构代理变量，就技术创新模式、终极控制权结构对目标控制公司技术创新投入的影响进行实证研究。

本章具体内容设计如下：首先，阐述理论和假设；其次，介绍模型设计和指标选择；最后，分析计量模型的估计结果。

4.1 研究假设

4.1.1 两权偏离度对技术创新投入的影响

终极控制股东能够通过特有的终极控制结构建立多层次的控制体系，对目标控制公司实施有效的控制，从而使得终极控制权偏离现金流权。两权偏离表明，终极控制在股东的收益成本不对称的情况下，使其偏好于进行隧道挖掘行为，此时终极控制股东不会再仅仅要求获得正常的控制权收益，而是开始追逐超额的控制权私有收益。同时受到追逐控制权私有收益的影响，在终极控制股东的干扰下，目标控制公司往往不能够完全按照合理的方式进行有效的投资，造成了目标控制公司的投资活动与中小股东最优化目标不一致（La Porta et al.，2000）。前文分析发现，一方面，终极控制权、现金流权对技术创新的影响具有激励效应，在现金流权较高、终极控制权较低或合理的情况下，终极控制股东容易与其他权益投资者保持利益一致，共同追求公司价值或股东价值最大化,产生了"利益协同效应",从事有利于公司整体利益的活动。而且对于存在第一类委托代理问题的企业,终极控制股东在利益协同效应的促使下,会有效地提高目标控制企业的管理水平,降低经营管理者和股东之间的委托代理成本。同时,技术创新能够给企业带来长期收益,保证公司具有持久的竞争力,对公司的长远发展具有重要作用。鉴于此,终极控制股东会在利益协同效应的驱动下,促使目标控制公司加大技术创新投入。另一方面,不合理的终极控制权水平对技术创新具有抑制效应。在不合理的终极控制权水平下,终极控制股东不仅不能够有效地约束经营管理者的隧道侵害行为,反而能够与他们达成一致、形成合谋,共同侵害目标控制公司的技术创新活动。而且在股权集中的背景下,企业非效率投资行为的重要动因就是追逐控制权私有收益(Claessens et al.,2000)。当两权偏离度提高时,终极控制股东更愿意追逐隧道利益,尽管技术创新对企业具有重要的意义,但技术创新的高风险、积累性等特征会造成目标控制公司的资源被大量占用,经营和财务约束增大,经营和财务风险提高,破产可能性增大,这些情况都不利于终极控制股东获取控制权私有收益,因此终极控制股东往往不偏好目标控制企业进行技术创新投入(唐跃军 等,2014)。基于以上分析,针对两权偏离度和目标控制公司技术创新投入的关系,可以提出如下假设:

假设1:两权偏离度与目标控制公司的技术创新投入负相关,即终极控制权和现金流权的偏离程度提高,目标控制公司的技术创新投入将会降低。

4.1.2 技术创新模式对技术创新投入的影响

如前文所述,技术创新可分为两类,即探索式技术创新和开发式创新。那么,技术创新企业也就可以划分为两种形式,探索式创新企业和开发式创新企业。前者主要从事探索式技术创新,这种创新是就远期市场需求通过采用成熟的知识技术和新型的知识技术进行成果研发而开展的创新(张建宇 等,2012),包括新市场的拓展、新技术的研发、新知识的创造、新流程的设计等活动;后者主要从事开发式技术创新,这种创新是根据自身的资源储备,就当前市场需求,开展可以在短时间内形成经济效益的研发项目而进行的创新(张峰 等,2013),是对原有产品、市场、流程、知识的局部改善或改良。相对探索式创新企业,开发式创新企业所面对的技术创新风险相对较低,并且能够较快地获得投资利润,而探索式创新企业往往通过长期的创新投入才能获得投资利润。因此,探索式创新企业的创新投入需要企业长期、持续、大量的投入,而开发式创新企业大多数项目都是在原有产品、流程、市场等要素上的改良,需要的资金相对有限,所以探索式创新企业的技术创新投入整体上要多于开发式创新企业。基于以上分析,针对技术创新模式和技术创新投入的关系,可以提出如下假设:

假设2:探索式创新企业较开发式创新企业技术创新投入更多,探索式创新企业技术创新投入水平高于开发式创新企业。

4.1.3 技术创新模式对两权偏离度影响技术创新投入的调节效应

终极控制股东的终极控制权和现金流权相偏离,前者一般会小于后者,呈现出终极控制股东所得收益和付出成本的不对称。终极控制权和现金流权偏离对目标控制公司的技术创新具有抑制作用。两权偏离度提高会促使终极控制股东为了获取控制权私有收益而减少目标控制公司的技术创新活动。不过如前文所述,虽然终极控制股东在两权偏离度不断提高的背景下,偏好于遏制目标控制公司的创新活动,但是假若终极控制股东参与到目标控制公司的技术创新活动中,终极控制股东会受企业创新模式差异的影响而对目标控制公司的技术创新活动做出不同的选择。

随着两权偏离程度的不断提高,在不对等的成本收益关系下,终极控制股东从事高风险、高收益活动能够以较小的代价获得更多的好处,这使得终极控制股东有动力选择风险更高、收益更高的项目,偏好于追求高收益项目,会选择更为激进的投资决策,而不会理性地选择适合目标控制公司持续健康发展的技术创新项目,即使该项目更利于目标控制公司长期发展,也不会愿意进行投资(陈金勇 等,2013)。探索式创新企业主要从事探索式技术创新活动,具有高收益、高风险、在未来能够取得更高收益的特点。因此,在两权偏离度不断提高的情况下,终极控制股东会偏好于加大探索式创新企业的技术创新投入。

随着现金流权的不断提高、终极控制权的不断下降,终极控制股东的两权偏离度开始降低。此时,终极控制股东对目标控制企业实施控制所付出的成本与得到的收益逐渐平衡,进行高风险项目一旦失败,那么终极控制股东便会因为现金流权的不断提高而遭受较大的实际损失。这便促使终极控制股东在两权偏离度降低的情况下,专注于低风险投资项目,选择保守的投资决策。开发式创新企业主要从事开发式技术创新活动,相对于探索式技术创新,开发式技术创新属于改良式的创新,风险要低,收益也相对有限。因此,在两权偏离度不断下降的情况下,终极控制股东偏好于加大开发式创新企业的技术创新投入。

由此可见,技术创新模式能够调节两权偏离度影响目标控制公司技术创新投入的强度。对于探索式创新企业而言,终极控制股东更愿意目标控制公司在两权偏离度不断上升时加大技术创新投入;而对于开发式创新企业而言,终极控制股东更愿意目标控制公司在两权偏离度不断下降时加大技术创新投入。

因此,针对技术创新模式对两权偏离度影响技术创新投入的调节效应,可以提出如下假设:

假设3:相对于开发式创新企业,探索式创新企业的两权偏离度影响目标控制公司技术创新投入的负向关系将会减弱。

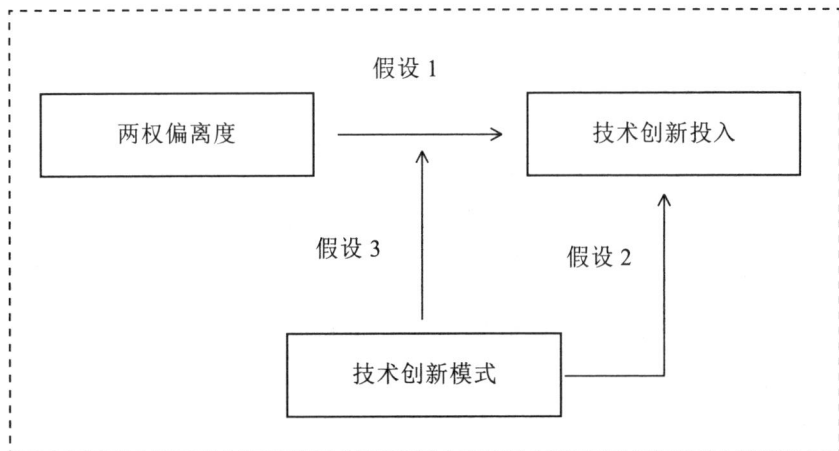

图4-1 相关假设逻辑图

4.2 模型的设计和指标的选取

4.2.1 变量定义

表 4-1 对本章所采用的被解释变量、解释变量和控制变量做出了介绍。

表 4-1　研究变量定义和说明

变量	符号	变量定义及计算方法
Panel A. 被解释变量		
技术创新投入	RD	研发支出 / 当期销售收入
Panel B. 解释变量		
	CV	终极控制股东控制权 / 终极控制股东现金流权
两权偏离度	CB	董事会中终极控制股东派驻的董事比例 / 现金流权，该指标将用于稳健性检验。
技术创新模式	IM	虚拟变量：若上市公司为探索式创新企业则取 1，若上市公司为开发式创新企业则取 0
Panel C. 控制变量		
成长能力	Grow	托宾 Q 值，（负债账面价值 + 权益市场价值）/ 总资产账面价值
盈利能力	Prof	息税折旧摊销前利润 / 总资产，公司息税折旧摊销前利润 = 净利润 + 所得税 + 利息 + 折旧 + 摊销
企业规模	Size	对期末总资产取自然对数，ln（期末总资产）

变量	符号	变量定义及计算方法
行业	Indu	按证监会的分类标准（行业门类为准），剔除金融保险业后，依据最终筛选出的公司具体情况，样本公司分布在 13 个行业，设置 12 个虚拟变量，行业虚拟变量用来控制行业因素的影响。当第 i 家公司第 t 年属于某个行业时，为 1，否则为 0
年度	Year	以 2014 年为基准，引入 4 个变量，当公司属于年度 k 时，该虚拟变量取 1，否则为 0

1. 被解释变量

被解释变量是技术创新投入（RD），在代理变量选择上本书采取一般做法来衡量技术创新投入，即研发支出／当期销售收入。该变量不仅能够体现技术创新投入的相对水平，而且还能够反映出公司整体的技术创新投入强度。该变量水平越高，则意味着公司技术创新投入越多，技术创新强度越高。

2. 解释变量

解释变量为终极控制权与现金流权偏离度（即两权偏离度）和创新模式。

（1）终极控制权和现金流权偏离度。

终极控制权现象的核心在于终极控制股东通过特殊的控制结构实现了终极控制权和现金流权相分离，进而促使终极控制股东追逐控制权私有收益、侵害目标控制公司利益。因此，使用终极控制权和现金流权的偏离度（CV）作为终极控制股东行为特征的代理变量是十分合适的。两权偏离度越高，则表示终极控制股东控制目标控制公司的能力和获取终极控制权私有收益的能力越强，对目标控制公司的隧道侵害越为严重。现有文献主要是使用终极控制股东控制权除以终极控制股东现金流权（即终极控制权／现金流权）来测算两权偏离度。另外，孙健（2008）在赖建清（2003）研究的基础上提出了一个新的测量终极控制股东行为特征的代理变量 CB。对于该指标的测算，孙健（2008）是按照终极控制股东在董事会中所占的比例与终极控制股东现金流权相除得到的。该指标越大，表示终极控制股东对目标控制公司的控制能力越强，获取终极控制权私有收益的能力越强，侵害目标控制公司的能力越强。孙健（2008）认为，相比较而言，CV 和 CB 最大的区别在于，前者度量了终极控制股东对目标控制公司名义控制比率，而后者则是度量终极控制股东对目标控制公司的实际控制比率；相对变量 CV，变量 CB 可能会更好地反映出终极控制股东对目标控制公司的侵害行为。本书将借鉴孙健（2008）的研究成果，用测量终极控制股东行为特征的代理变量 CB 作为两权偏离度 CV 的替代变量，对相关模型进行稳健性检验。

（2）技术创新模式。

技术创新模式（IM）是虚拟变量，用来区分按照创新模式划分的异质性创新企业，取 1 时，表示该目标控制企业是探索式创新企业；取 0 时，表示该目标控制企业是开发式创新企业。本书将参照唐清泉和肖海莲（2012）研究的做法来区分两类创新模式企业。按照现行企业会计准则的相关规定，企业内部研究开发项目的支出[①]应当区分研究阶段支出（研发费用 R）与开发阶段支出（开发支出 D）。前者是指研究支出中符合费用化处理的部分，主要是确认不确定性较高的创新活动投入，后者是研究支出符合资本化处理的部分，主要是确认不确定性较低的创新活动投入。按照唐清泉和肖海莲（2012）研究的做法，一方面，当企业研究阶段支出为正（即研发费用 R > 0）时，则认为该企业为探索式创新企业；另一方面，当企业开发阶段支出为正（即开发支出 D > 0），而研究阶段支出为零（即研究阶段支出 R=0）时，则认为该企业为开发式创新企业。

3. 控制变量

在控制变量的选择上，参考国内外资本结构决定因素研究成果，本书采用成长能力（Grow）、盈利能力（Prof）、公司规模（Size）、所属行业（Indu）、年度（Year）这五方面因素作为控制变量。其中，成长能力按照托宾 Q 值，即（负债账面价值 + 权益市场价值）/ 总资产账面价值测算；盈利能力

[①]研发支出是指在研究与开发过程中所使用资产的折旧、消耗的原材料、直接参与开发人员的工资及福利费、开发过程中发生的租金以及借款费用等。

按照公司息税折旧摊销前利润／总资产测算,其中公司息税折旧摊销前利润 ＝净利润＋所得税＋利息＋折旧＋摊销;公司规模依照通行做法对期末总资 产取自然对数。

4.2.2 模型设计

本书为了全面考察技术创新模式、两权偏离度与目标控制公司技术创新 投入之间的关系,建立如下回归计量模型来验证终极控制股权结构对目标控 制公司技术创新投入的影响,以及技术创新模式对两者关系的调节作用。

$$\mathrm{RD}_{i,t} = \beta_0 + \beta_1 \times \mathrm{CV}_{i,t} + \beta_2 \times \mathrm{IM}_{i,t} + \beta_3 \times \mathrm{CV}_{i,t} \times \mathrm{IM}_{i,t} + \beta_4 \times \mathrm{Grow}_{i,t} + \beta_5 \times \mathrm{Prof}_{i,t} + \beta_6 \times \mathrm{Size}_{i,t} + u_i + v_t + \varepsilon_{i,t}$$

4-1

该模型中,$\mathrm{RD}_{i,t}$ 表示技术创新投入;$\mathrm{CV}_{i,t}$ 表示两权偏离度,反映终极控 制股东的行为特征,体现终极控制股东获取控制权私有收益的能力;$\mathrm{IM}_{i,t}$ 表 示创新模式;u_i 表示个体非观测效应;v_t 表示时间非观测效应;$\varepsilon_{i,t}$ 为随机误差 项,能够满足古典线性回归模型的基本假定;$\mathrm{Grow}_{i,t}$, $\mathrm{Prof}_{i,t}$, $\mathrm{Size}_{i,t}$ 为控制 变量,分别代表了公司的成长性、盈利能力和公司规模。β_0 是截距项,表示其 他变量为 0 时因变量的情况,β_1 和 β_2 分别为表示两权偏离度和技术创新模 式对技术创新投入的影响系数,β_3 为两权偏离度和技术创新模式的交互作 用对技术创新投入的影响系数。β_4、β_5、β_6 分别表示成长能力、盈利能力、公 司规模对技术创新投入的影响系数。另外,本书的所有模型都控制了行业、时 间等因素,受篇幅所限,行业和时间的回归结果与描述性统计没有报告。

在具体实证分析中,为了有效、稳健地验证假说,本章尝试采用两种计量 模型进行实证分析:一种是多元线性回归模型,一种是面板回归模型。当采用 多元线性回归计量模型时,假设样本数据不同个体之间的扰动项相互独立, 同一样本不同时间的扰动项也相互独立,也就是说样本数据不存在个体效应 和时间效应。这样便可以按照经典的多元线性回归模型进行估计分析了。而 当采用面板回归计量模型时,假设样本数据个体之间的扰动项和同一样本不 同时间的扰动项都不独立。通过两种模型的联合分析,既可以简单直观地验 证假说,还能够在挖掘数据特征的基础上进一步科学地验证假说,从而对本书理论演绎的结论提供强有力的支撑。

另外，为了体现技术创新模式的调节作用，本书不仅采用交互项回归的方式分析验证，而且也采用了分组回归的方式进行分析验证。为此，本书设计6个模型：模型1、2、3为全样本模型和分组样本模型（探索式创新企业样本模型和开发式创新企业样本模型）。除了相关控制变量以外，模型1、2、3仅引入解释变量终极控制权和现金流权的偏离度（CV），而未考虑解释变量技术创新模式（IM）。模型4对解释变量技术创新模式（IM）进行回归分析；模型5对解释变量终极控制权和现金流权的偏离度（CV）、技术创新模式（IM）共同进行回归分析；模型6则在模型5的基础上进一步引入了两权偏离度与技术创新模式的交互项（CV *IM）。通过6个模型的回归分析，可以循序渐进地对这一问题进行理解，也可以通过分组回归和交互回归来发现技术创新模式对两权偏离度影响目标控制公司技术创新投入的调节作用。

4.2.3 样本选择和数据来源

本部分实证分析选取的样本来源于中国上海证券交易所和中国深圳证券交易所发行A股的上市公司，样本数据时间跨度为2014—2018年。为保证统计分析的合理性，进行必要的样本遴选：①剔除历史上被特别处理过的公司[①]；②剔除金融保险类上市公司；③对存在数据缺失的上市公司进行删除。通过以上步骤，最终本书选择了2014-2018年230个上海证券交易所和深圳证券交易所发行A股的上市公司共计1 150个样本观测值。

按照唐清泉和肖海莲（2012）的研究成果，将样本企业按照创新模式进行分类，大致情况如下：探索式创新企业（R>0，D = 0；R>0，D>0），样本量为949个；开发式创新企业（R= 0，D>0），样本量为201个，各年度情况具体见表4-2。

[①] 包括 ST、*ST、SST、S*ST 和 ST 的上市公司。

表 4-2 样本观测值数量

创新模式	标准	2014	2015	2016	2017	2018	合计
探索式创新	R > 0，D=0 R > 0，D>0	202	188	182	188	189	949
开发式创新	R=0，D > 0	28	42	48	42	41	201
合计		230	230	230	230	230	1 150

本书所用的公司治理数据（包括终极控制权、现金流权、公司董事等）均来自 CSMAR 上市公司股东数据库、上市公司治理结构数据库；主要财务数据、研发费用和开发支出数据均来自 WIND 金融数据库。同时，利用上市公司年报，对以上各类数据进行补充和调整。

4.3 计量模型的估计结果与回归分析

4.3.1 描述性统计分析与均值差异检验

表 4-3 为主要变量的描述性统计结果。

通常来看，技术创新研发强度要在 5% 时才具有竞争力，从本书的描述性结果看，全样本下、探索式创新企业下，样本的技术创新投入都在 5% 以上，而开发式创新企业样本的技术创新投入也接近了 5%，这说明本书所选择的样本公司整体研发能力都具有竞争力，具有一定的典型性。

终极控制权与现金流权偏离程度均值为 1.324 3，并且探索式创新企业的两权偏离度（1.326 1）高于开发式创新企业的两权偏离度（1.315 8），这说明探索式创新企业的终极控制股东的控制能力更强，获取私有收益的动机和能力更大，可能更偏向于侵害目标控制公司。

表 4-3　主要变量的描述性统计

样本	变量	均值	标准差	最小值	最大值	观测值
全样本	RD	0.062 3	0.076 2	0.013 2	0.983 9	1 150
	CV	1.324 3	0.885 8	1	13.944 4	1 150
	CB	2.827 1	3.188 9	0.380 9	31.746 0	1 150
探索式	RD	0.065 3	0.076 4	0.024 1	0.983 9	949
	CV	1.326 1	0.939 8	1	13.944 4	949
	CB	2.891 7	3.314 0	0.380 9	31.746 0	949
开发式	RD	0.048 3	0.073 7	0.013 2	0.718 5	201
	CV	1.315 8	0.566 7	1	4.019 3	201
	CB	2.794 7	2.515 9	0.674 4	19.043 8	201

表 4-4 为探索式创新企业与开发式创新企业技术创新投入（RD）的均值比较。通过均值比较发现，探索式创新企业的技术创新投入（0.065 3）在 1% 的水平上显著高于进行开发式创新企业的技术创新投入（0.048 3），均值比较的结果印证了假设 2 的观点。探索式创新企业由于进行的技术创新需要长期、持续和大量的投入，使得其技术创新投入要高于开发式创新企业。

表 4-4　探索式创新企业与开发式创新企业技术创新投入（RD）的均值比较

变量	创新模式	均值	标准差	最小值	最大值	观测值	均值 t 检验
RD	全样本	0.062 3	0.076 2	0.013 2	0.983 9	1 150	
	探索式	0.065 3	0.076 4	0.024 1	0.983 9	949	0.017 0***
	开发式	0.048 3	0.073 7	0.013 2	0.718 5	201	（0.005 9）

注：*，**，*** 分别表示在 10%，5% 和 1% 的显著性水平。

表 4-5 为模型（4-1）的相关变量 Pearson 相关性检验。结果显示解释变量、控制变量之间（除了 CV 和 CB 以外）的相关系数均小于 0.5，这说明模型（4-1）可能不存在显著的共线性问题。CV 和 CB 的相关系数为 0.738，而且通过了 1% 水平上的显著性检验，这说明 CB 与 CV 相关度较高，CB 是 CV 较好的替代变量。同时被解释变量技术创新投入（RD）和解释变量、控制变量之间两两相关的显著性都很高，均通过了 1% 水平上的显著性检验，说明模型变量选择可行。

表 4-5　相关变量 Pearson 相关性检验表

	RD	CV	CB	Grow	Prof	Size
RD	1.000					
CV	-0.088***	1.000				
CB	-0.074***	0.738***	1.000			
Grow	0.264***	-0.035	-0.038	1.000		
Prof	-0.114***	0.027	-0.020	0.183***	1.000	
Size	-0.280***	0.030	-0.006	0.366***	-0.068***	1.000

注:*，**，*** 分别表示在 10%，5% 和 1% 的显著性水平。

4.3.2 多元线性回归分析

1. 多元线性回归分析的相关检验

将模型（4-1）视为多元线性回归计量模型后，在初步回归后计算相关的统计检验指标（表 4-6）。结果显示，所有模型的 VIF 检验值均小于 2，可以认为都不具有显著的多重共线性问题；所有模型 White 检验值都没有通过显著性的检验，认为模型不存在异方差问题，本书采用最小二乘法进行参数估计。

表4-6 多元线性回归模型分析的相关检验

模型	VIF	White	模型	VIF	White	模型	VIF	White
模型 1	1.10	17.08	模型 2	1.09	13.13	模型 3	1.23	12.93
模型 4	1.10	18.45	模型 5	1.08	19.32	模型 6	1.98	19.42

2. 多元线性回归结果的分析

表4-7显示了6种模型的多元线性回归结果。模型中，大多数变量的系数都在1%水平上通过了显著性检验。

表4-7 技术创新模式、两权偏离度对技术创新投入的影响：多元线性回归模型的结果

变量	模型 1（全样本）	模型 2（探索式）	模型 3（开发式）	模型 4	模型 5	模型 6
CV	−0.006 0***（0.001 6）	−0.005 9***（0.001 6）	−0.010 2**（0.006 1）		−0.006 0***（0.001 6）	−0.016 2**（0.004 0）
IM				0.016 0***（0.005 5）	0.016 7***（0.005 4）	0.013 3*（0.008 7）
CV*IM						0.010 9**（0.003 7）
Grow	0.007 6***（0.001 4）	0.008 2***（0.001 6）	0.002 6***（0.003 0）	0.007 7***（0.001 4）	0.006 ***（0.001 4）	0.007 6***（0.001 4）
Prof	−0.219 4***（0.035 5）	−0.228 6***（0.039 9）	−0.217 3***（0.067 7）	−0.226 1***（0.035 6）	−0.222 9***（0.035 3）	−0.223 0**（0.035 4）
Size	−0.011 5***（0.001 5）	−0.010 2***（0.001 4）	−0.021 1***（0.006 2）	−0.011 6***（0.001 5）	−0.011 5***（0.001 5）	−0.011 6***（0.001 5）

续表

变量	模型 1 （全样本）	模型 2 （探索式	模型 3 （开发式）	模型 4	模型 5	模型 6
N	1 150	949	201	1 150	1 150	1 150
时间	控制	控制	控制	控制	控制	控制
行业	控制	控制	控制	控制	控制	控制
R^2	0.141 2	0.150 7	0.160 7	0.142 5	0.146 8	0.147 0
F	50.85***	43.84***	10.67***	49.33***	42.53***	42.88***

注：括号内为系数所对应的标准误，*，**，*** 分别表示在10%，5%和1%的显著性水平。

看模型 1（全样本回归模型）的回归结果，全样本列的终极控制权和现金流权偏离度（CV）系数在 1% 的水平上显著为负（-0.006 0），模型 1 的实证结果印证了假设 1 的观点。说明当终极控制权与现金流权偏离度提高时，终极控制股东越有能力获取控制权私有收益，侵害目标控制公司的动力越大，终极控制股东缺乏进行技术创新的动力，目标控制公司技术创新受到抑制，技术创新投入下降。

看模型 2（探索式创新企业样本模型）、模型 3（开发式创新企业样本模型）的回归结果，模型 2 和模型 3 的解释变量终极控制权和现金流权偏离度（CV）的系数都为负值（模型 2 在 1% 水平下显著，后者显著性较低），表明两权偏离度（CV）和技术创新投入（RD）负相关，模型 2 和模型 3 的实证结果印证了假设 1 的观点。同时进一步对比分析可以发现，探索式创新企业的 CV 系数（-0.005 9）比开发式创新企业的 CV 系数（-0.010 2）的绝对值要小，说明了相对于开发式创新企业，探索式创新企业的两权偏离度对创新投入的负向关系将会减弱，模型 2 和模型 3 的实证结果印证了假设 3 的观点。随着两权偏离度的不断提高，收益成本不对称程度扩大，终极控制股东越偏好高收益、高风险活动，越倾向于目标控制企业进行探索式技术创新，这促使探索式创新企业加强技术创新投入,两权偏离度与探索式创新企业负相关关系减弱。

看模型 4、5、6 的回归结果,技术创新模式的 IM 系数为正(0.016 0,0.016 70,0.013 3)都通过了显著检验,说明探索式创新企业相对于开发式创新企业而言技术创新投入更多,技术创新模式和技术创新投入正相关,实证结果印证了假设 2 的观点。探索式创新企业因为从事的技术创新原创性更强,需要大量的、持续的、稳定的资源支持,所以往往需要目标控制公司进行较多的创新投入;而开发式创新企业主要从事改良型的技术创新,是针对原有产品和工艺的不断完善,所以需要的资金支持相对较少。

看模型 6 的回归结果,两权偏离度 CV 的系数在显著性 5% 的水平上为负(-0.0162),说明两权偏离度和目标控制公司技术创新投入之间负相关,实证结果继续印证了假设 1 的观点,终极控制股东抑制了目标控制公司的技术创新投入。同时结果显示,两权偏离度 CV 和创新模式 IM 的交互项系数在显著性 5% 的水平上为正(0.010 9),说明交互项与技术创新投入之间正相关,表明交互项弱化了两权偏离度与目标控制公司技术创新投入之间的负向相关关系,实证结果印证了假设 3 的观点。技术创新模式对两权偏离度影响技术创新投入具有调节作用,随着两权偏离度的提高,相对于开发式创新企业而言,探索式创新企业的技术创新投入相对增加。

最后,模型 1 ~ 6 中,成长能力与技术创新投入之间都在 1% 水平上呈现显著正相关关系,说明成长能力增强,企业技术创新投入增加;盈利能力与技术创新投入之间在 1% 水平上呈现显著负相关关系,说明盈利能力增强,企业技术创新投入将会减少;公司规模与技术创新投入之间在 1% 的水平上呈现负相关关系,说明公司规模扩大,技术创新投入就会减少。

4.3.3 静态面板回归分析

1. 静态面板回归分析的相关检验

首先,使用了 F 检验和 BP 检验对固定效应和随机效应进行了检验,检验结果(表 4-8)均拒绝原假设,表明样本数据的确存在个体效应,固定效应和随机效应是模型存在的显著影响因素。通过 Hausman 检验判断模型

（4-1）究竟是固定效应模型还是随机效应模型[①]。根据 Hausman 检验[②]对模型进行了设定，结果显示强烈拒绝原假设，模型（4-1）应使用固定效应模型更适合。

表4-8 混合、固定和随机效应检验

模型	F 检验	BP 检验	Hausman 检验
模型 1	17.89 ***	1 318.45***	19.21 ***
模型 2	17.82 ***	1 305.46 ***	21.43 ***
模型 3	17.69 ***	1 299.36 ***	22.33***
模型 4	17.67 ***	1 299.35***	22.28 ***

注:*, **, *** 分别表示在 10%, 5% 和 1% 的显著性水平。

考虑到误差项可能存在异方差问题，在固定效应下，使用 Wald 检验对其进行了验证，结果（表4-9）表明，面板数据模型中的确存在着明显的异方差问题。实证分析中考虑了短面板数据中可能存在自相关问题，采用 Wooldridge 一阶自相关检验规则进行检验，结果（表4-9）表明，四个模型都显著存在着序列相关。因此鉴于以上分析，本章将采用 Driscoll 和 Kraay（1998）标准差方法进行估计，从而纠正异方差和序列相关问题。

---

①从经济学理论的角度来看，随机效应模型比较少见，但我们仍需通过数据分析来检验究竟应使用何种模型。

②原假设为 H0：μi 与所有解释变量均不相关（即随机效应模型为正确模型），利用 Hausman 检验的统计量进行检验。若该统计量大于临界值，则 H0 被拒绝，即当 P 值显著为 0 时，H0 被拒绝，我们选择固定效应模型。

表 4-9　静态面板回归分析的异方差检验和序列相关检验

模型	Wald 检验	Wooldridge 检验
模型 1	3.7e+06 ***	17.152 ***
模型 2	8.8e+06 ***	17.609***
模型 3	6.0e+06 ***	17.610 ***
模型 4	5.7e+06 ***	17.664***

注:*，**，*** 分别表示在10%，5%和1%的显著性水平。

2. 静态面板回归结果的分析

对相关模型进行了固定效应回归,结果见表4-10。

表 4-10　技术创新模式、两权偏离度对技术创新投入的影响:静态面板回归模型的结果

变量	模型 1	模型 2	模型 3	模型 4
CV	-0.001 8 ** (0.001 4)		-0.001 9*** (0.001 2)	-0.002 5*** (0.002 2)
IM		0.0031*** (0.002 7)	0.003 2*** (0.002 5)	0.002 2** (0.003 3)
CV*IM				0.000 7*** (0.018 0)
Grow	0.001 1** (0.001 9)	0.001 4** (0.001 8)	0.001 1** (0.001 8)	0.001 3** (0.001 8)
Prof	-0.276 7*** (0.023 4)	-0.277 0 *** (0.025 7)	-0.275 3*** (0.024 1)	-0.276 0*** (0.024 8)
Size	-0.010 6*** (0.001 4)	-0.010 7*** (0.001 2)	-0.010 4*** (0.001 4)	-0.010 1** (0.001 4)

续表

变量	模型 1	模型 2	模型 3	模型 4
N	1 150	1 150	1 150	1 150
时间	控制	控制	控制	控制
行业	控制	控制	控制	控制
R^2	0.141 0	0.147 6	0.147 9	0.147 2
F	999.82***	1 220.24**	1 071.45***	777.21***

注：括号内为系数所对应的标准误，*，**，*** 分别表示在 10%，5% 和 1% 的显著性水平。

看模型 1、3、4 的回归结果，两权偏离度的 CV 系数都为负（依次是 -0.001 8，-0.001 9，-0.002 5），并且至少通过了 5% 显著性检验，说明从总体而言，两权偏离度对技术创新投入的直接影响为负，实证结果再次印证了假设 1 的观点。当企业终极控制权与现金流权偏离度提高时，终极控制股东获取私有收益的动机和能力加强，目标控制企业开展技术创新受到终极控制股东的抑制，技术创新投入下降。

看模型 2、3、4 的回归结果，技术创新模式的 IM 系数都为正（0.003 1，0.003 2，0.002 2），都至少通过了 5% 显著性检验，说明技术创新模式与技术创新投入具有正相关关系，探索式创新企业技术创新投入更多，实证结果再次印证了假设 2 的观点。

看模型 4 的回归结果，两权偏离度 CV 和技术创新模式 IM 的交互项系数在显著性 1% 的水平上为正（0.000 7），说明技术创新模式对控制权私有收益影响创新投入具有调节作用，实证结果再次印证了假设 3 的观点。随着偏离度的提高，终极控制股东更愿意进行探索式技术创新，而不愿意进行开发式技术创新，探索式创新企业的技术创新投入相对增加。

4.3.4 稳健性检验

为了对研究的相关假说提供更为可靠的实证支持,使用变量替换的方式进行稳健性检验。具体看,将采用孙健(2008)年在赖建清(2003)研究的基础上提出一个新的测量终极控制股东行为特征的代理变量CB,作为终极控制权结构本质特征的代理变量,重新对相关假设进行面板回归计量模型分析。检验模型依旧采用模型(4-1)的基本形式,经过相关的面板回归检验后,面板回归模型采用固定效应模型,同时模型存在着异方差和序列相关。鉴于以上分析,本书将采用 Driscoll 和 Kraay(1998)标准差方法进行估计,从而纠正异方差和序列相关问题。实证结果(表4-11)继续印证了研究假说1、2、3。因而,本章理论演绎的观点稳健可靠。

表4-11 技术创新模式、两权偏离度对技术创新投入的影响:稳健性检验的回归结果

变量	模型1	模型2	模型3	模型4
CB	−0.001 7*** (0.000 29)		−0.001 6*** (0.002 3)	−0.003 3*** (0.000 8)
IM		0.003 1*** (0.002 7)	0.016 3*** (0.000 2)	0.010 9** (0.000 25)
CV * IM				0.001 8*** (0.000 7)
Grow	0.007 6** (0.001 8)	0.001 1** (0.001 8)	0.007 6** (0.001 9)	0.007 5** (0.001 8)
Profit	−0.223 8*** (0.0222)	−0.277 0*** (0.025 7)	−0.227 2*** (0.022 9)	−0.227 7*** (0.023 3)
Size	−0.011 7*** (0.00 144)	−0.010 7*** (0.001 2)	0.011 6*** (0.001 4)	−0.011 7*** (0.001 4)

续表

变量	模型1	模型2	模型3	模型4
N	1 150	1 150	1 150	1 150
时间	控制	控制	控制	控制
行业	控制	控制	控制	控制
R^2	0.141 1	0.147 6	0.148 2	0.148 2
F	1 379.53***	1 220.24**	1 502.37***	1 503.69***

注：括号内为系数所对应的标准误，*，**，*** 分别表示在10%，5%和1%的显著性水平。

4.4 小结

本章采用分组回归（全样本、探索式创新企业样本和开发式创新企业样本）和交互项回归（创新模式和两权偏离度交互）的方法，利用多元线性回归计量模型和面板回归计量模型，分析了技术创新模式、终极控制权结构对目标控制公司技术创新投入的影响。实证分析结果和理论分析观点一致：首先，两权偏离度与技术创新投入负相关，即终极控制权和现金流权的偏离程度提高，目标控制公司的技术创新投入就将减少；其次，探索式创新企业技术创新投入水平高于开发式创新企业；最后，相对于开发式创新企业，探索式创新企业的终极控制权与现金流权的偏离程度对技术创新投入的负向关系将会减弱。

终极控制股东由于特殊的控制结构使其偏好于扩大可控资源和追求控制权私有收益，进而对目标控制公司的经营管理带来很多负面影响。就技术创新而言，终极控制股东不仅抑制了目标控制公司的技术创新投入，而且造成了目标控制公司技术创新模式的发展不协调,这种不协调的技术创新模式选择无助于企业合理健康的发展。所以,必须要通过优化公司治理来约束终极控制股东的自利行为,优化企业创新内部治理环境,促进企业进行持久、科学的技术创新投入和协调的技术创新模式选择。

第5章　技术创新投入对终极控制权结构
影响资本结构的中介效应分析

　　从前文所述可知,终极控制权结构对目标控制公司资本结构具有直接的影响,终极控制股东在特殊的控制结构安排下,为了更便利地追求控制权私有收益,愿意通过负债融资扩大自身的可控资源；同时,终极控制股东出于追求控制私有收益的目的,个体利益往往会与公司整体利益发生偏离,从而将抑制目标控制公司的技术创新。产业组织资本结构理论认为,技术创新能够影响企业的资本结构,企业应当根据创新战略选择合理的资本结构。由此可见,在终极控制股东控制下,目标控制公司受抑制的技术创新会引起其资本结构的变化,技术创新可能是终极控制权结构影响目标控制公司资本结构的中介路径。这一影响过程可以直观地表述为：受特殊的终极控制权结构的影响,终极控制股东通过干预目标控制公司的技术创新来实现对负债资源的控制,从而隐蔽地获取更多的财务资源。技术创新投入是开展各项技术创新的基础,是技术创新持续、有效开展的关键,是企业进行自主创新的重要前提,是企业创新的重要基础,有必要以技术创新投入为中介变量,分析终极控制股东利用技术创新来影响目标控制公司资本结构的微观机理。

　　同样,由于终极控制权结构的重要特征是终极控制权和现金流权相偏离,本部分以两权偏离度为终极控制权结构的代理变量,就技术创新投入对终极控制权结构影响目标控制公司资本结构的中介效应进行实证研究。

本章内容设计如下：首先，阐述理论和假设；其次，介绍模型设定和指标选择；最后，分析计量模型的估计结果。

5.1 研究假设

5.1.1 两权偏离度对资本结构的影响

从终极控制权结构看，两权偏离度能够从本质上反映终极控制股东获取控制权私有收益的动力和能力，是体现终极控制股东行为特征的最佳指标。而现金流权和终极控制权都只能从单方面对终极控制股东的特性进行反映，前者反映了终极控制股东侵害目标控制公司的实际投入成本，后者反映了终极控制股东对目标控制公司的控制程度。由此可见，分析终极控制权结构影响目标控制公司资本结构，必须以两权偏离度为切入点进行。

两权偏离度体现了终极控制股东对目标控制公司实施侵害的动力和能力，两权偏离度越高，那么终极控制股东越偏好于追求控制权私有收益，从而侵害目标控制公司的强度也就越大。由前文可知，终极控制股东负债融资偏好主要是来源于负债融资的股权非稀释效应和可控资源效应。前者能够保证终极控制股东的控制地位不受影响，对目标控制公司保持有效的掌控，后者能够扩大终极控制股东的可控资源，尤其是财务资源。同时受特殊的终极控制结构影响，负债融资的破产威胁效应和资产约束效应对终极控制股东影响有限，使得终极控制股东的负债融资偏好得以强化，更偏好负债融资。终极控制股东能够利用自身特殊的终极控制权结构在保证终极控制权不变的前提下对目标控制公司的财务资源进行利益侵占。

基于以上分析，针对两权偏离度和目标控制公司资本结构的关系，可以提出如下假设：

假设1：终极控制权和现金流权的偏离程度与目标控制公司的资本结构之间正相关。终极控制权与现金流权的偏离程度越高，目标控制公司的负债融资就会越多,其资本结构就会越高。

5.1.2 两权偏离度对技术创新投入的影响

如前文所述,终极控制股东既可以促进目标控制公司开展技术创新,也可能抑制目标控制公司进行技术创新。选择何种方式参与目标控制公司的技术创新主要取决于终极控制股东的行为动机。如果终极控制股东能够与普通权益投资者形成利益一致,那么终极控制股东便会积极地促进目标控制公司增加技术创新投入;反之,如果终极控制股东不能够与普通权益投资者形成利益一致,存在侵害动机,为了有效地获取控制权私有收益,那么终极控制股东便会减少目标控制公司的技术创新投入。

当终极控制股东与普通权益投资者保持利益一致时,终极控制股东与普通权益投资者的委托代理矛盾弱化,与普通权益投资者能够最大化保持相同的收益目标,共同促进公司整体价值提高,从事有利于公司发展的活动,进而获得更多的正常利润和控制权收益。由于技术创新投资能够促使企业保持长期竞争力,是公司发展的必要活动,那么终极控制股东便会为了公司整体目标而高效率地参与技术创新,促进目标控制公司进行创新投资,提高技术创新投入;同时,终极控制股东可以利用自身的管理优势和信息优势有效地解决第一类委托代理问题,降低目标控制公司内部经营管理者在创新过程中的偷懒、投资不足,从而也能够促进目标控制企业创新投入提高。

当终极控制股东与普通权益投资者出现利益冲突时,终极控制股东由于特有的控制权结构,使得在获取公司控制权的情况下,只付出了较低的成本,第二类委托代理矛盾加大,终极控制股东偏好于追逐控制权私有收益,对目标控制公司进行利益侵害。虽然技术创新能够给公司整体带来持续的竞争力,但同时也会伴随资产占用、经营和财务约束增大,经营和财务风险提高,破产可能性增大,这不利于终极控制股东获取控制权私有收益,从而终极控制股东在追求控制权私有收益的动机下,将会使其减弱技术创新投资,降低高风险的技术创新投资。

由此可见,现金流权不断降低、终极控制权不断提高,两权偏离度便会上升,使得终极控制股东和普通权益者之间的矛盾冲突将会变大,第二类委托代理问题更加严重,目标控制公司技术创新投入将会下降。反之,现金流权提高,终极控制权下降,两权偏离度便会下降,终极控制股东和普通权益投资者更容易实现利益一致,目标控制公司技术创新投入将会上升。

基于以上分析,针对两权偏离度对目标控制公司技术创新投入的影响,可以提出如下假设:

假设2:两权偏离度与目标控制公司的技术创新投入负相关。终极控制权和现金流权的偏离程度越高,目标控制公司的技术创新投入就越少。

5.1.3 技术创新投入对资本结构的影响

学术界较为普遍的观点是技术创新投入与企业资本结构呈现负向关系,也就是说,随着技术创新投入的不断提高,企业会减少负债,降低资本结构,保持财务宽松。从理论机制看,可以从不同的角度进行分析和阐释,即信息不对称、资产专用性、基础资源和委托代理矛盾冲突等。

首先,信息不对称环境下,创新企业进行负债融资会发生困难,技术创新投入与负债融资呈现负向关系(Himmelberg et al., 1994)。在市场交易过程中,当交易双方所掌握的信息不同,并且其中一方能够拥有其他交易者所没有的信息时,那么信息不对称问题便会出现,而且掌握优势信息的市场主体往往在交易中处于比较有利的位置。技术创新投资领域存在明显的信息不对称问题,创新企业不会将创新过程中所产生的核心资料向外随意公布,这造成了创新企业的信息披露不充分(Amihud et al., 1986),从而减少外部竞争者获取自身经营情况的概率,这样债权人很难获得创新企业真实的项目信息,所掌握的公司信息不会太多。那么债权人便会选择相应的方式保护自身权益不受侵害,一方面,债权人可以选择减少向创新企业的负债支持来保护自身权益;另一方面,在逆向选择过程中,债权人在不能判别资金需求者实际情况的背景下,便会无法正确地衡量创新投资的风险水平,往往会高估创新投资企业的风险,从而寻求一定程度的风险补偿,提高债务融资成本,寻求自身权益的保护,最终使得债务融资成本上升(Singh et al., 2005)。此时,企业为了减少自身因融资成本上升所带来的负债融资压力,便会在技术创新中减少负债融资的比重。由此可见,在信息不对称下,创新企业进行负债融资会发生困难。

其次,从资产专用性角度看,创新企业进行负债融资会发生困难,技术创新投入与负债融资呈现负向关系。创新企业在进行创新的过程中，相较于非创新企业，存在多种形式的专用性资产。这些资产都具有不可替代的独特性，专用性较强，必须进行特定的组合并应用到特定领域后才会发挥其真实的价值。而且专用型资产处置和清算难度会非常之大，资产的价值往往会被低估。其中，无形资产会在创新企业投资过程中大量产生，这些无形资产相对于有形的实物资产而言，专用性更强，处置难度更大，资产价值可能被低估的程度更大。同时，资产的专用性越强，资产所有者在和债权人进行谈判时"筹码"也就越少。在债券融资过程中，债权人往往喜好变现能力强的实物资产作为抵押担保物，而创新企业不仅实物资产有限，而且随着创新投入的增多，会逐渐产生大量的专有资产，这便会降低债权人的资金支持意愿，或者选择退出，或者选择提高借贷利率。由此可见，专用型资产其实约束了企业技术创新中的负债融资能力。随着技术创新投入的增大，受资产专用性影响，技术创新企业会选择较低的负债水平，两者之间呈现负向关系。

再次，从基础资源角度看，创新企业进行负债融资会发生困难，技术创新投入与负债融资呈现负向关系。企业是各种资源的集合体，而且这些资源往往具有异质性。异质性资源的创造需要企业保证创新投入持续、稳定、长期。在融资方面，就要求选择能够使得企业保持财务松弛（financial slack）的融资策略相配合。这种融资策略要求在为技术创新活动提供资金的同时，不会引起企业创新投入的波动。负债融资需要还本付息，降低了企业的财务宽松度，这会增加企业财务拮据压力，给企业经营带来风险；同时，伴随着债权人的自保行为，往往会附加较多的融资约束条款，从而也限制了企业的财务宽松度，可能会使得创新企业陷入财务困境，这样会降低创新投入的稳定性和持续性。因此，一旦企业决定进行创新投入创造更多的异质性资源，应当选择较低的负债融资水平，保证公司现金流的稳定（O`iBrien，2003）。

最后，从委托代理矛盾冲突看，创新企业进行负债融资会发生困难，技术创新投入与负债融资呈现负向关系。委托代理理论不仅阐释了股东和经营管理者、控股股东和其他权益投资者之间的委托代理矛盾冲突关系，而且也揭示了债权人和权益投资者之间的委托代理矛盾冲突关系。在这种委托代理关系下，容易发生"资产替代现象"（Jensen et al.，1976）。就创新活动而言，在资产替代现象背景下，公司权益投资者往往会追求不确定性高、潜在回报大的创新项目。倘若公司存在大量负债融资，那么公司权益投资者的此种意愿会更加强烈。主要原因在于，一旦创新项目取得成功，那么权益投资者便可以获得大部分的收益，而债权人仅仅获得本金和利息；反之，倘若项目失败，而债权人会负担大部分成本。一旦债权人发现股东存在这种动机，那么债权人为了保证自身权益不受侵害，便会提高融资利率或附加约束条款，增加债务融资成本。为了避免财务拮据的发生，企业会降低负债融资水平。所以，在资产替代现象下，高风险的技术创新投入的增多将引起负债融资成本的上升，进而降低企业资本结构水平。

因此，从债权人和股东之间的委托代理矛盾冲突看，"资产替代现象"对债权人不利，进而引发债权人提高融资利率。而过高的负债融资利率会增加负债融资企业的成本，增大了发生财务危机的可能。为了避免财务拮据的发生，企业便会降低负债融资水平。

基于以上分析，针对技术创新投入和目标控制公司资本结构之间的关系，可以提出如下假设：

假设3：技术创新投入与公司资本结构之间负相关。随着技术创新投入的增加，目标控制公司资本结构将趋于下降。

5.1.4 技术创新投入对两权偏离度影响资本结构的中介效应

首先，由前文可知，随着两权偏离度的提高，终极控制股东侵害动机增强，为保证获取稳定的控制权私有收益，考虑到技术创新的特征，终极控制股东会遏制目标控制公司的技术创新活动，减少目标控制公司的技术创新投入。

其次，由前文可知，技术创新投入是影响公司资本结构的重要因素，技术创新投入会对企业的资本结构产生负面影响。从信息不对称角度看，创新企业需要对企业内部的重要信息进行保密，债权人在有限的信息下不能掌控目标公司的真实情况，不能准确衡量企业价值和潜在风险；从资产专用性角度看，专用型资产具有不可替代的独特性，专用性较强，脱离特定的领域和环境，这些资产都不能发挥真正的作用，结果债权人对这些资产进行价值评估困难，增加了处置难度；从委托代理矛盾冲突角度看，在债权人和权益投资者之间的委托代理冲突下，容易发生"资产替代现象"，从而造成债权人的利益损失。针对以上三方面所出现的问题，为了保护自身权益不受侵害，债权人要么减少资金支持,要么增加融资成本和约束条件。而创新企业为了减少财务约束和压力,避免财务拮据,保持财务宽松,便会减少负债融资,降低负债融资的比重。另外,从资源基础角度看,企业应当保证创新投入持续、稳定,降低波动性,尽量做到财务松弛,减少那些容易引起企业财务约束的融资计划(如负债融资),保证企业技术创新的顺利开展,以便创造更多的异质性资源。

最后,从负债融资治理效应理论看,负债融资的资产转移限制效应和破产威胁效应能够对终极控制股东的负债融资偏好进行约束。随着技术创新投入的增大,目标控制企业的经营风险、财务风险和破产威胁便会提高,负债融资的破产威胁效应和资产约束效应作用便会增大,从而约束了终极控制股东进一步进行负债融资获取可控资源的偏好,目标控制公司的负债结构得以降低。

基于以上分析,针对技术创新投入对两权偏离度影响资本结构的中介效应,可以提出如下假设:

假设4:技术创新投入是两权偏离度影响目标控制公司资本结构的中介变量(图5-1)。终极控制股东可以通过改变技术创新投入进而对目标控制公司的资本结构产生影响。

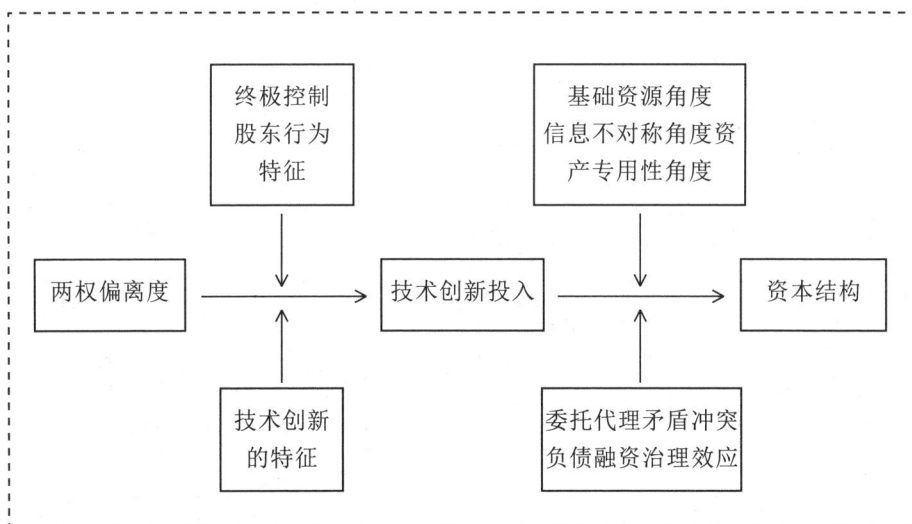

图5-1　技术创新投入对两权偏离度影响资本结构的中介效应的逻辑图

5.2 模型的设定和指标的选取

5.2.1 变量定义

表 5-1 对本章所采用的被解释变量、解释变量和控制变量做出了介绍。

表 5-1 研究变量定义和说明

变量	符号	变量定义及计算方法
Panel A. 被解释变量		
资本结构	LEV	负债 / 企业总资产, 资产债务均采用账面价值法确定
Panel B. 解释变量		
技术创新投入	RD	研发支出 / 当期销售收入
Panel C. 控制变量		
两权偏离度	CV	终极控制股东控制权 / 终极控制股东现金流权
	CB	董事会中终极控制股东派驻的董事比例 / 现金流权, 该指标将用于稳健性检验
Panel D. 控制变量		
成长能力	Grow	托宾 Q 值,(负债账面价值 + 权益市场价值) / 总资产账面价值
盈利能力	Prof	息税折旧摊销前利润 / 总资产, 公司息税折旧摊销前利润 = 净利润 + 所得税 + 利息 + 折旧 + 摊销
担保价值	Cva	(期末固定资产 + 期末存货) / 总资产
企业规模	Size	对期末总资产取自然对数, ln(期末总资产)

变量	符号	变量定义及计算方法
行业	Indu	按证监会的分类标准（行业门类为准），剔除金融保险业后，依据最终筛选出公司的具体情况，样本公司分布在 13 个行业，设置 12 个虚拟变量，行业虚拟变量用来控制行业因素的影响。当第 i 家公司第 t 年属于某个行业时，为 1，否则为 0
年度	Year	以 2014 年为基准，引入 4 个变量，当公司属于年度 k 时，该虚拟变量取 1，否则为 0。

1. 主要变量

实证分析中的主要变量包括资本结构、技术创新投入和两权偏离度。

1）被解释变量：资本结构（LEV）

资本结构测算方法有很多种，研究者根据研究目的不同而采用不同的指标进行衡量，经典的资本结构主要是指负债占企业总资产的比重。本书主要研究终极控制股东针对目标控制公司的负债融资倾向，在代理变量选择上采用一般做法来衡量资本结构，即负债与企业总资产的比率，使用某一企业期末总负债与期末总资产的比值衡量资本结构。同时考虑到市场价值不仅衡量困难，而且容易受到各种因素的影响而产生波动，因此，本书资产和债务均采用账面价值法确定。该变量水平越高，则意味着目标控制公司负债融资越多，负债融资偏好越强。

2）中介变量：技术创新投入（RD）

在代理变量选择上，本书采取一般做法来衡量目标控制公司的技术创新投入，即研发支出／当期销售收入。该变量不仅能够体现技术创新投入的相对水平，而且还能够反映出公司整体的技术创新投入强度。该变量水平越高，则意味着公司技术创新投入越多，技术创新强度越高。

3）被解释变量：两权偏离度（CV）

终极控制权和现金流权偏离度（CV）是能够反映终极控制股东的行为

特征的代理变量。与前文保持一致，继续使用终极控制股东控制权除以终极控制股东现金流权（即终极控制权／现金流权）来测算两权偏离度，来反映终极控制股东的行为特征。同时本书将继续借鉴孙健（2008）的研究成果，用测量终极控制权结构特征的代理变量CB作为两权偏离度CV的替代变量，对相关模型进行稳健性检验。

2. 控制变量

参考国内外资本结构决定因素研究成果，本书采用成长能力（Grow）、盈利能力（Prof）、担保价值（Cva）、公司规模（Size）、所属行业（Indu）、年度（Year）这六方面因素作为控制变量。其中，成长能力按照托宾 Q 值测算；盈利能力按照息税折旧摊销前利润／总资产测算；担保价值按照（期末固定资产＋期末存货）／总资产测算；公司规模依照通行做法对期末总资产取自然对数。

5.2.2 模型设计

本书采用中介效应检验方法，研究两权偏离度对资本结构影响的直接效应，以及技术创新投入对两权偏离度影响资本结构的中介效应。

中介效应模型是一种发现变量间传导机制的重要方法，是通过第三方变量（即中介变量）来分析自变量对因变量影响机理的计量模型。可见，如果两变量之间的关系不是直接形成，而是经由一个或一个以上的其他变量间接地产生影响，那么就可以将这些变量通过两个主要变量所产生的间接影响视为中介效应。从本书研究看，第三方变量为技术创新投入（RD），自变量是终极控制权与现金流权的偏离度（CV），因变量是资本结构（LEV）。如果通过实证分析能够发现，终极控制与现金流权偏离度（CV）可以通过影响技术创新投入（RD）进一步影响资本结构（LEV），那么就可以认为技术创新投入（RD）是两权偏离度影响资本结构的中介变量。对于以上分析思路，可以通过中介效应示意图来加以明示。

图 5-2 中，c 表示自变量终极控制权与现金流权的偏离程度（CV）对因变量资本结构（LEV）的总效应，a*b 表示自变量终极控制权与现金流权的偏离程度（CV）经过中介变量技术创新投入（RD）影响资本结构（LEV）的中介效应，c` 表示自变量终极控制权与现金流权的偏离程度（CV）影响

因变量资本结构的直接效应。其中，系数满足 c=c`+a*b，也就是说终极控制权与现金流权的偏离程度（CV）对资本结构（LEV）的总效应 c 等于直接效应 c` 和中介效应 a*b 的总和。

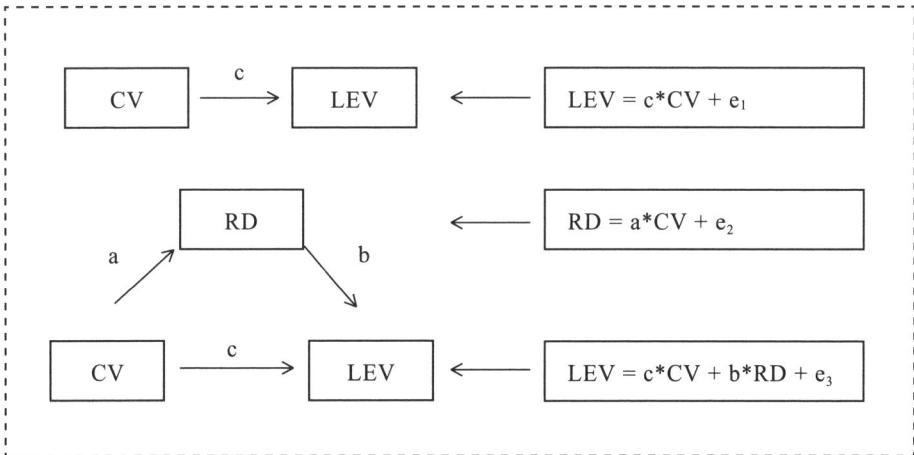

图 5-2　中介效应三变量示意图

在中介效应的实证分析中，直接效应 c` 的显著性是判断中介效应大小的重要依据。假若直接效应 c` 不显著，那么表示中介效应为完全中介效应，就本书研究的内容看，也就是说自变量两权偏离度（CV）对因变量资本结构（LEV）的影响都是通过中介变量技术创新投入（RD）实现的。假若直接效应 c` 显著，那么表示中介效应为部分中介效应，也就是说自变量两权偏离度（CV）对因变量资本结构（LEV）产生的影响有一部分是通过中介变量技术创新投入（RD）实现的。

对于中介效应的检验过程，较为常用的方法是温忠麟等（2004）总结概括出的中介效应检验程序（图 5-3），该程序是将依次检验回归系数法和 Sobel 检验法相结合的产物，具体应用时只需要按照图 5-3 的步骤依次进行即可。

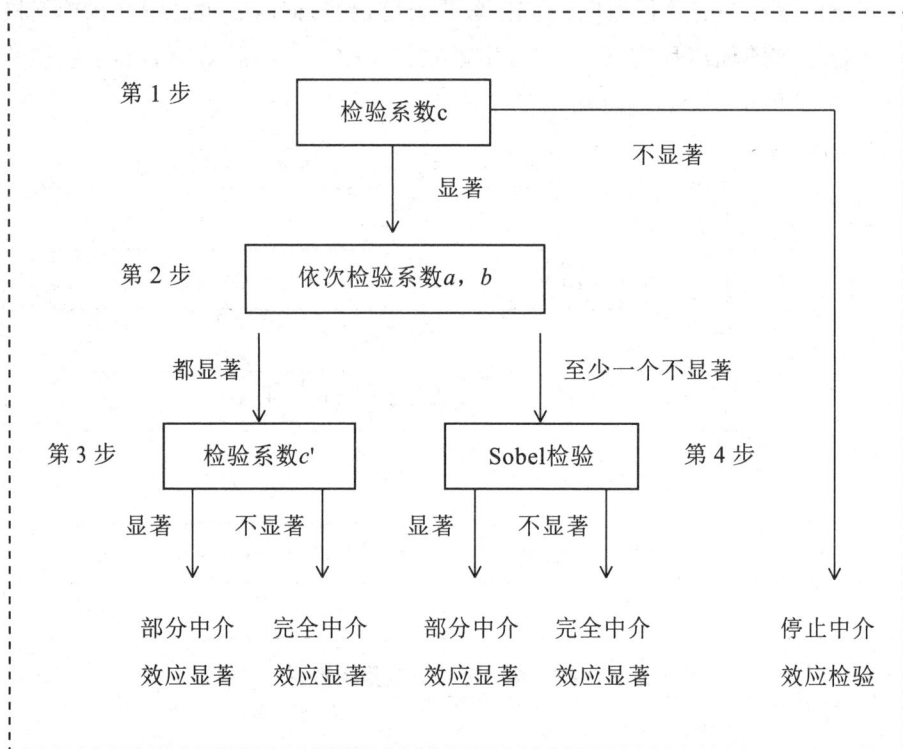

图5-3　温忠麟等（2004）中介效应检验程序示意图

参考温忠麟等（2004）的中介效应检验程序，本书具体的检验步骤如下：

第一步：检验自变量（两权偏离度CV）对因变量（资本结构LEV）的回归系数是否显著，如果显著进行第二步，否则就停止检验。

第二步：进行Baron和Kenny（1986）部分中介检验，检验自变量（两权偏离度CV）与中介变量（技术创新投入RD）的回归系数a，中介变量（技术创新投入RD）与因变量（资本结构LEV）的回归系数b是否显著，如果两个系数都显著，则意味着中介变量存在。继续进行第三步检验。假若a，b至少有一个不显著，则进行第四步检验。

第三步：做Judd和Kenny（1981）完全中介检验中的第三个检验，即检验系数c'，如果该系数不显著，那么表示中介效应可能为完全中介效应，也就是说自变量（两权偏离度 CV）对因变量（资本结构 LEV）的影响都是通过中介变量（技术创新投入 RD）实现的；如果该系数显著，那么就表示中介效应可能为部分中介效应，也就是说自变量（两权偏离度 CV）对因变量（资本结构 LEV）的影响只有一部分是通过中介变量（技术创新投入 RD）实现的。至此中介效应检验完毕。

　　第四步：进行 Sobel（1982）检验，如果 Sobel 检验显著，那么表示中介变量（技术创新投入 RD）对自变量（两权偏离度 CV）影响因变量（资本结构 LEV）具有中介效应，否则就不存在中介效应，中介效应检验结束。Sobel 检验是看中介效应 $a*b$ 是否显著，即原假设为 $a*b=0$，假若原假设没有通过，那么中介效应就显著。Sobel 检验的检验统计量是 $Z=\hat{a}\hat{b}/\sqrt{\hat{a}^2 s_a^2 + \hat{b}^2 S_b^2}$，其中 s_a、s_b 分别是 $\hat{a}$、$\hat{b}$ 的标准误。另外，针对中介效应 $a*b$ 是否显著的检验有很多与 Sobel 相类似的方法。温忠麟等（2004）认为，在样本容量足够大时（如大于 500），各种检验方法的功效差别不大，因此本书主要用 Sobel 检验的检验统计量 Z 进行中介效应检验。

　　参照 Baron 和 Kenny（1986）、Judd 和 Kenny（1981）和温忠麟等（2004）对中介效应检验的方法，本章设立了三个面板数据计量模型进行中介效应检验，并且依据系数显著性和 Sobel 检验查看是否存在中介效应。具体的面板回归计量模型如下：

$$\text{LEV}_{i,t}=\beta_0+\beta_1\times\text{CV}_{i,t}+\beta_2\times\text{Grow}_{i,t}+\beta_3\times\text{Prof}_{i,t}+\beta_4\times\text{Cva}_{i,t}+\beta_5\times\text{Size}_{i,t}+\text{ui}+\text{vt}+\varepsilon_{i,t} \tag{5-1}$$

$$\text{RD}_{i,t}=\alpha_0+\alpha_1\times\text{CV}_{i,t}+\alpha_2\times\text{Grow}_{i,t}+\alpha_3\times\text{Prof}_{i,t}+\alpha_4\times\text{Cva}_{i,t}+\alpha_5\times\text{Size}_{i,t}+\text{ui}+\text{vt}+\varepsilon_{i,t} \tag{5-2}$$

$$\text{LEV}_{i,t}=\gamma_0+\gamma_1\times\text{CV}_{i,t}+\gamma_2\times\text{RD}_{i,t}+\gamma_3\times\text{Grow}_{i,t}+\gamma_4\times\text{Prof}_{i,t}+\gamma_5\times\text{Cva}_{i,t}+\gamma_6\times\text{Size}_{i,t}+\text{ui}+\text{vt}+\varepsilon_{i,t} \tag{5-3}$$

　　以上模型中，$\text{LEV}_{i,t}$ 表示资本结构；$\text{RD}_{i,t}$ 表示技术创新投入；$\text{CV}_{i,t}$ 表示两权偏离度，反映控制权私有收益大小，体现终极控制股东获取控制权私有收益的能力；ui 表示个体非观测效应；vt 表示时间非观测效应；$\varepsilon_{i,t}$ 为随机误差项,能够满足古典线性回归模型的基本假定;$Grow_{i,t}$, $Prof_{i,t}$, $Cva_{i,t}$, $Size_{i,t}$ 为控制变量,分别代表了公司的成长能力、盈利能力、担保价值和公司规模;α, β, γ 表示回归系数。

模型(5-1)是检验自变量(两权偏离度 CV)对因变量(资本结构 LEV)的影响,检验 β_1 是否显著。在此模型中,系数 β_1 为总效应,如果 β_1 显著,则两权偏离度影响目标控制公司的资本结构就显著,能够继续进行中介效应检验。如果 β_1 不显著,那么不符合温忠麟等(2004)的中介效应检验程序的前提条件,终止中介效应检验。

模型(5-2)是检验自变量(两权偏离度 CV)对中介变量(技术创新投入 RD)的影响,检验 α_1 是否显著。在此模型中,如果 α_1 显著,则说明两权偏离度 CV 影响技术创新投入 RD 显著,可以继续进行中介效应检验。如果 α_1 显著大于零,那么表示自变量(两权偏离度 CV)促进了中介变量(技术创新投入 RD);如果 α_1 显著小于零,那么说明自变量(两权偏离度 CV)抑制了中介变量(技术创新投入 RD)。

模型(5-3)是主要是检验自变量(两权偏离度 CV)、中介变量(技术创新投入 RD)对因变量(资本结构 LEV)的影响,检验系数 γ_1、γ_2 是否显著。在模型(5-2)中的系数 γ_1 显著的情况下,如果系数 γ_1、γ_2 显著,那么可以认为通过了部分中介效应检验;如果 γ_1 不显著,γ_2 显著,那么可以认为通过了完全中介效应检验。

5.2.3 样本选择和数据来源

本章实证分析选取的样本来源于中国上海证券交易所和中国深圳证券交易所发行 A 股的上市公司,样本数据时间跨度为 2014—2018 年。为保证统计分析的合理性,对样本进行遴选:①剔除历史上被特别处理过的公司;②剔除金融保险类上市公司;③对存在数据缺失的上市公司进行删除。最终本书选择了 2014—2018 年 230 个上海证券交易所和深圳证券交易所发行 A 股的上市公司共计 1 150 个样本观测值。

本书所用的公司治理数据(包括终极控制权、现金流权、独立董事等)均来自 CSMAR 上市公司股东数据库、上市公司治理结构数据库;主要财务数据、研发费用和开发支出数据均来自 WIND 金融数据库。同时利用上市公司年报,对以上各类数据进行补充和调整。

5.3　计量模型的估计结果与回归分析

5.3.1 描述性统计分析

表 5-2 为主要变量资本结构（LEV）、技术创新投入（RD）、终极控制权与现金流权的偏离度（CV，CB）的描述性统计结果。

表 5-2　主要变量的描述性统计

变量	均值	标准差	最小值	最大值	观测值
LEV	0.375 3	0.214 5	0.007 5	0.963 7	1 150
RD	0.062 3	0.076 2	0.013 2	0.983 9	1 150
CV	1.324 3	0.885 8	1	13.944 4	1 150
CB	2.827 1	3.188 9	0.380 9	31.746 0	1 150

从表中可知,技术创新投入（RD）为 0.062 3,高于 5%,说明样本公司整体研发能力都具有竞争力,样本选择具有一定的典型性。终极控制权与现金流权偏离程度（CV）均值为 1.324 3,终极控制权与现金流权偏离程度（CB）均值为 2.827 1,后者大于前者,说明采用孙健（2008）的方法测量终极控制股东的获取收益、扩大可控资源、进行利益侵害的动机更为显著,CB 是一个较好的替代变量。

表 5-3 为模型（5-1）、（5-2）、（5-3）的相关变量 Pearson 相关性检验。结果显示解释变量、控制变量之间（除了 CV 和 CB 以外）的相关系数均小于 0.5,这说明模型（5-1）、（5-2）、（5-3）可能不存在显著的共线性。CV 和

CB 的相关系数为 0.738,而且通过了 1% 水平上的显著性检验,这说明 CB 是 CV 较好的替代变量。同时模型(5-1)、(5-2)、(5-3)的被解释变量和解释变量、控制变量之间两两相关的显著性都很高,通过了 1% 水平上的显著性检验,说明模型变量选择可行。

表 5-3　各变量 Pearson 相关性检验表

	LEV	RD	CV	CB	Grow	Prof	Cva	Size
RD	1.000							
CV	−0.388***	1.000						
CB	0.112***	−0.088***	1.000					
Grow	0.091***	−0.074***	0.738***	1.000				
Prof	−0.363***	0.264***	−0.035	−0.038	1.000			
Size	−0.152***	−0.114***	0.027	−0.020	0.183***	1.000		
Prof	0.428***	−0.352***	0.040	0.072***	−0.241***	−0.003	1.000	
Size	0.675***	−0.280***	0.030	−0.006	−0.366***	−0.068**	0.192***	1.000

注:*, **, *** 分别表示在 10%, 5% 和 1% 的显著性水平。

5.3.2 静态面板回归分析的相关检验

首先,采用 F 检验和 BP 检验固定效应和随机效应,检验结果(表 5-4)均拒绝原假设;其次,根据 Hausman 检验对模型(5-1)、(5-2)、(5-3)进行了设定,结果显示强烈拒绝原假设,模型(5-1)、(5-2)、(5-3)应使用固定效应模型更适合。

表 5-4 混合、固定和随机效应检验

模型	F 检验	BP 检验	Hausman 检验
模型（5-1）	22.48***	1 470.09***	10.99**
模型（5-2）	17.37***	1 315.17***	40.95***
模型（5-3）	20.15***	1 372.58***	42.35***

注：*，**，*** 分别表示在 10%，5% 和 1% 的显著性水平。

与前文一致，使用 Wald 检验异方差问题、采用 Wooldridge 进行一阶自相关检验，结果（表 5-5）表明，三个面板回归计量模型都显著存在着异方差和一阶序列相关。因此鉴于以上分析，将采用 Driscoll 和 Kraay（1998）标准差方法进行估计，从而纠正异方差和序列相关问题。

表 5-5 静态面板回归模型的异方差检验和序列相关检验

模型	Wald 检验	Wooldridge 检验	Hausman 检验
模型（5-1）	4.2e+06***	85.622***	10.99**
模型（5-2）	3.5e+06***	17.262***	40.95***
模型（5-3）	1.1e+06***	84.384***	42.35***

注：*，**，*** 分别表示在 10%，5% 和 1% 的显著性水平。

5.3.3 静态面板回归结果及中介效应的分析

对相关模型进行了固定效应回归，结果见表 5-6。

首先，看模型（5-1）的结果。终极控制权和现金流权的偏离度（CV）的系数 β_1 在 5% 的水平上显著为正（0.025 5），模型（5-1）的实证结果与假设 1 相一致，表明两权偏离度的提高导致了目标控制公司的资本结构增加。同时，代表中介效应总效应的系数 β_1 显著，可以继续进行中介效应检验。

表 5-6　技术创新投入对两权偏离度影响资本结构的中介效应检验：静态面板回归结果

	模型（5-1）	模型（5-2）	模型（5-3）
	LEV	RD	LEV
RD			-0.600 3**
			（0.099 3）
CV	0.025 5**	-0.005 9***	0.022 0**
	（0.010 7）	（0.000 5）	（0.010）
Grow	-0.019 4**	0.007 1***	-0.015 1**
	（0.005 1）	（0.001 5）	（0.004 3）
Prof	-0.372 3***	-0.205 6***	-0.495 7***
	（0.048 9）	（0.022 0）	（0.034 5）
Cva	0.538 6**	-0.154 7**	0.445 7 **
	（0.130 7）	（0.027 8）	（0.130 1）
Size	0.000 1***	-0.000 01***	0.000 1**
	（0.000 02）	（1.88e-06）	（0.000 02）
N	1 150	1 150	1 150
时间	控制	控制	控制
行业	控制	控制	控制
R^2	0.359 5	0.393 2	0.396 2
F	636.83***	891.97***	2 006.98***

注：括号内为系数所对应的标准误，*，**，*** 分别表示在10%，5%和1%的显著性水平。

其次，看模型（5-2）的结果。终极控制权和现金流权的偏离度（CV）的

系数 α_1 在 1% 的水平上显著为负（-0.005 9），模型（5-2）的实证结果与假设 2 相一致，表明两权偏离度的提高会抑制目标控制公司的技术创新投入。

最后，看模型（5-3）的结果。技术创新投入（RD）的系数 γ_2 在 5% 的水平上显著为负（-0.600 3），两权偏离度（CV）的系数 γ_1 在 5% 的水平上显著为正（0.022 0），实证结果与假设 1、3 相一致。另外，系数 γ_1、γ_2 以及 β_1、α_1 都通过了显著性检验，表明中介变量技术创新投入（RD）起到了部分中介作用，也就是说两权偏离度对目标控制公司资本结构的影响有一部分是通过技术创新投入来实现的。

看控制变量的相关检验结果：模型（5-1）和模型（5-3）中，成长能力与资本结构之间在 5% 水平上呈现显著负相关关系，说明成长能力增强，目标控制公司资本结构将会下降；盈利能力与资本结构之间在 1% 水平上呈现显著负相关关系，说明盈利能力增强，企业资本结构将会减少；公司规模与创新投入之间至少在 5% 水平上呈现显著正相关关系，说明目标控制公司规模扩大，资本结构将会增加；担保价值与资本结构之间在 5% 水平上呈现显著正相关关系，说明担保价值提高，目标控制公司资本结构将会上升。模型（5-2）中，成长能力与技术创新投入之间在 1% 水平上呈现显著正相关关系，说明成长能力增强，企业技术创新投入增加；盈利能力与技术创新投入之间在 1% 水平上呈现显著负相关关系，说明盈利能力增强，企业技术创新投入将会减少；公司规模与技术创新投入之间在 1% 的水平上呈现负相关关系，说明公司规模扩大，技术创新投入就会减少；担保价值与技术创新投入之间在 5% 水平上呈现显著负相关关系，说明担保价值提高，目标控制公司技术创新投入将会下降。

5.3.4 稳健性检验

为了对研究的相关假说提供更为可靠的实证支持，使用变量替换的方式进行稳健性检验。具体看，将采用孙健（2008）在赖建清（2003）研究的基础上提出的一个新的测量终极控制股东行为特征的代理变量 CB，作为终极控制权结构的代理变量，重新对相关假设进行面板回归计量模型分析。检验模型依旧采用模型（5-1）、模型（5-2）和模型（5-3）的基本形式，经过相关的面板回归检验后，面板回归计量模型采用固定效应模型，同时三个模型都存在着异方差和序列相关。鉴于以上分析，本书将采用 Driscoll 和 Kraay（1998）

标准差方法进行估计,从而纠正异方差和序列相关问题。通过表 5-7 的结果看,实证结果与表 5-6 基本一致,继续印证了研究假说的观点。因而,本章理论演绎的观点是稳健可靠的。

表 5-7　技术创新投入对两权偏离度影响资本结构的中介效应检验:稳健性分析结果

	模型（5-1）	模型（5-2）	模型（5-3）
	LEV	RD	LEV
RD			-0.608 4***
			（0.097 6）
CV	0.005 5**	-0.001 3***	0.004 7*
	（0.002 2）	（0.000 8）	（0.024）
Grow	-0.019 6**	0.007 2***	-0.015 2**
	（0.005 0）	（0.001 5）	（0.004 3）
Prof	-0.354 1***	-0.209 8***	-0.481 8***
	（0.051 6）	（0.022 1）	（0.035 5）
Cva	0.535 7**	-0.154 0***	0.442 1**
	（0.131 2）	（0.028 2）	（0.129 9）
Size	0.0001***	-0.00001***	0.0001**
	（0.000 02）	（1.87e-06）	（0.000 03）
N	1 150	1 150	1 150
时间	控制	控制	控制
行业	控制	控制	控制
R^2	0.355 2	0.191 6	0.392 9
F	343.12***	9 196.85***	1 655.00***

注:括号内为系数所对应的标准误, *, **, *** 分别表示在 10%, 5% 和 1% 的显著性水平。

通过依次检验回归系数法对相关模型进行分析后发现，无论是基本模型结果还是稳健性分析模型的结果，都表明了技术创新投入是两权偏离度影响目标控制公司技术创新投入的中介变量，而且发挥了部分中介作用。为了进一步检验结果的稳健性，本书利用 Sobel 检验法判断这种中介效应是否显著（表 5-8）。结果显示，两组模型的 Sobel 检验的 Z 统计量都通过了 1% 水平上的显著性检验，进一步说明了实证结果的稳健性。

表 5-8　技术创新投入对两权偏离度影响资本结构的中介效应检验：Sobel 检验 Z 统计量

模型	Z 统计量
模型（5-1）、（5-2）、（5-3）	5.353 2***
模型（5-1）′、（5-2）′、（5-3）′	5.380 3***

注：*，**，*** 分别表示在 10%，5% 和 1% 的显著性水平。

另外，由前文可知，中介效应分析中系数估计值应当满足公式 $c=c'+a*b$。就本部分实证结果而言，两组模型的相关系数都符合这一公式。首先看第一组公式，系数 $c(\beta_1)$ 为 0.025 5，系数 $c'(\gamma_1)$ 为 0.022 0，系数 $a(\alpha_1)$ 为 -0.005 9，系数 $b(\gamma_2)$ -0.600 3，计算结果满足公式 $c=c'+a*b$。其次看第二组公式，系数 $c(\beta_1)$ 为 0.005 5，系数 $c'(\gamma_1)$ 为 0.004 7，系数 $a(\alpha_1)$ 为 -0.001 3，系数 $b(\gamma_2)$ -0.608 4，计算结果也满足公式 $c=c'+a*b$。

综上所述，技术创新投入的确是两权偏离度影响目标控制公司资本结构的中介路径，终极控制股东能够遏制目标控制公司的技术创新投入，受遏制的技术创新投入又会对目标控制公司的资本结构产生影响，两权偏离度与目标控制公司资本结构之间存在部分中介效应，这证实了本书理论分析部分的结论。

5.4 小结

本章选取的中国上海证券交易所和深圳证券交易所 A 股部分上市公司 2014—2018 年的数据，通过应用温忠麟等（2004）的中介效应检验程序，分别采用依次检验回归系数法和 Sobel 检验法就技术创新投入对终极控制权结构影响资本结构的中介效应进行了分析。实证分析结果和理论分析观点一致：首先，两权偏离度与目标控制公司资本结构正相关；其次，两权偏离度对目标控制公司技术创新投入具有抑制作用；再次，技术创新投入与公司资本结构负相关；最后，技术创新投入是终极控制权结构影响目标控制公司资本结构的中介变量，终极控制股东可以通过改变目标控制公司技术创新投入进而对目标控制公司的资本结构产生影响。

终极控制股东为了追逐控制权私有收益，对目标控制公司进行利益侵害，不仅能够直接影响目标控制公司的负债融资决策，而且还能够通过遏制目标控制公司的技术创新间接影响目标控制公司的负债融资安排。由此可见，终极控制股东能够通过技术创新更加隐蔽地对目标控制公司实施负债融资侵害，扩大可控财务资源。这种隐蔽的负债融资侵害不利于目标控制公司制订科学的财务融资计划。所以，一方面，必须要通过优化公司治理来约束终极控制股东的自利行为，促进目标控制公司进行合理的财务融资决策和技术创新安排；另一方面，应当重视技术创新投入的变化对目标控制公司资本结构的影响，寻求合理创新和科学负债的平衡点。本部分就技术创新投入对终极控制权结构影响目标控制公司资本结构的中介效应进行了理论演绎和实证分析，对优化中国企业的公司治理，促进企业科学地制订融资计划、加速自主创新战略具有一定的意义。

第6章 技术创新模式对终极控制权结构

影响资本结构的调节效应分析

从控制权资本结构理论发展进程看，主要经历了两个阶段：阶段一是传统的控制权资本结构理论，它是在股权分散（Berle，1932）背景下以公司权益投资者（股东）与内部经营管理者（经理层）之间的委托代理关系（即第一类委托代理问题）为基本范式，研究资本结构的影响因素和最优水平。阶段二是现代控制权资本结构理论，该理论主要是受到来自 La Porta 等（1999）的研究启发，开辟了控制权资本结构理论研究的新领域，从终极控制权结构视角研究公司资本结构的决策问题。在中国，第一类委托代理问题并不严重，而第二类委托代理问题可能是现阶段公司治理的主要问题（肖作平，2011）。因此有必要从现代控制权资本结构理论出发进行中国具体问题的研究，分析终极控制股东对目标控制公司的负债融资侵害。

受特殊的终极控制权结构的影响，终极控制股东通过隐蔽的方式、以极小的代价掌握公司，这使其更易以极低的成本进行有害于目标控制公司的融资活动，侵害中小股东的自身权益，获得控制权私有收益，这造成了社会资源的浪费。同时产业组织理论研究认为，企业战略能够影响企业资本结构选择（Brander et al.，1986），创新作为一种重要的企业战略，也可以影响融资结构决策（钟田丽 等，2014）。通过前文分析可以发现，终极控制权结构能够影响目标控制公司的技术创新投入，而且对不同的创新模式，这种影响还存在差异。可见,终极控制股东对不同技术创新模式的偏好可能会对目标控制公司的资本结构产生影响。那么在中国,终极控制权结构是如何影响目标控制公司的资本结构的呢? 技术创新模式是否可以调节终极控制权结构对目标控制公司资本结构的影响呢? 本章从技术创新模式视角初探终极控制权结构与目标控制公司资本结构的问题,结合中国实际情况解答以上问题,对于中国中小投资者保护制度的进一步完善、优化公司治理结构,提高技术创新效率具有重要的现实意义。

与前文一致,由于终极控制权结构的重要特征是终极控制权和现金流权相偏离,本部分以两权偏离度为终极控制权结构的代理变量,就技术创新模式对终极控制权结构影响目标控制公司资本结构的调节效应进行实证研究。

内容设计如下:首先,阐述理论和假设;其次,介绍模型设定和指标选择;最后,分析计量模型的估计结果。

6.1 研究假设

6.1.1 两权偏离度对资本结构的影响

由前文可知,现金流权和终极控制权都不能从本质上反映终极控制股东的追逐控制权私有收益、侵害目标控制公司的行为特征。两权偏离度的提高使得终极控制股东获取控制权私有收益的能力增强,侵害目标控制公司的强度增大,致使其追求更多的控制权私有收益和可控资源。负债融资具有公司治理效应,一方面,由于终极控制股东往往偏好于保证控制地位不受影响的情况下,扩大针对目标控制公司的可控资源,因此负债融资的股权非稀释效应和可控资源效应会促使终极控制股东加大负债融资;另一方面,终极控制权和现金流权的偏离使得负债融资的资产约束效应和破产威胁效应的影响有限;因此,终极控制股东具有负债融资偏好,随着两权偏离度的不断提高,对目标控制公司的负债融资侵害也在加强。

基于以上分析,针对两权偏离度和目标控制公司资本结构的关系,可以提出如下假设:

假设1:两权偏离度与目标控制公司的资本结构正相关,终极控制权与现金流权偏离度越高,目标控制公司的负债融资就会越多,其资本结构就会提高。

6.1.2 技术创新模式对资本结构的影响

技术创新可以按照模式分为两类,即探索式创新和开发式创新。首先,针对探索式创新而言,该模式着眼于未来市场需求,一般研发周期都相对较长,不确定性大,企业经营管理的综合风险相对开发式创新较高,短期内现金流入不稳定,投资回收期长,内部信息保护意识强,信息不对称程度高;不过项目一旦成功,长期经营收入可能会呈现大幅快速增长,是一种激进式的创新。其次,针对开发式创新而言,该模式是以当前市场需求为导向,企业经营管理的综合风险相对探索式创新言要低,短期内可以为企业带来持续可靠的现金流入和稳定的回报,是一种渐进式的创新。由此可见,较之开发式创新投资,探索式创新投资经营管理的综合风险更大,现金流不确定性更强,代理问题更大,信息不对称更严重,必然会面临更大的负债融资约束,从而使得采用这种创新模式的企业将面对较高的负债融资成本,进而降低其负债融资的积极性,负债融资水平可能会更低。

基于以上分析,针对技术创新模式和公司资本结构的关系,可以提出如下假设:

假设2:探索式创新企业较开发式创新企业负债融资更少,探索式创新企业负债水平低于开发式创新企业。

6.1.3 技术创新模式对两权偏离度影响资本结构的调节效应

现有文献研究发现,终极控制权与现金流权的偏离程度影响资本结构会主要受到三种因素的调节,即制度因素(肖作平,2010)、终极控制权性质(孙健,2008)、现金流权(苏坤 等,2012),而从技术创新模式视角研究终极控制权结构对目标控制公司资本结构影响的文献还少有涉及。

在终极控制背景下,终极控制股东特有的终极控制权结构使其为了便利地获得目标控制公司的控制权私有收益而不断地扩大可控资源。由前文所述,受负债融资可控资源效应和股权非稀释效应的影响,终极控制股东往往偏好目标控制公司增加负债融资,提高目标控制企业的资本结构,所以终极控制股东的行为偏好会致使目标控制公司的资本结构上升。然而,对于异质性企业而言,终极控制股东所引发目标控制公司资本结构上升的程度是不同的。比如国有企业相对于民营企业而言,两权偏离度的提高会引发资本结构较低的增加,而民营企业相对增加得更多。与此相似,对于不同技术创新模式企业,终极控制股东侵害目标控制公司资本结构的程度也有差别。

按照创新模式划分,创新企业可以分为探索式创新企业和开发式创新企业。这两种企业具有不同的创新特征,前者往往从事高风险、高收益的新知识、新产品和新市场的变革型技术创新;而后者则主要进行相对低风险、相对低收益的改良型技术创新。由于两种创新模式企业具有不同的创新特征,终极控制股东必然会针对这两类异质性企业的投融资活动产生不同的决策影响,技术创新模式能够对终极控制权结构影响目标控制公司资本结构进行调节。综合前文的理论分析,技术创新模式对终极控制权结构影响目标控制公司资本结构的调节机制可以通过两方面来实现:一方面是技术创新模式的风险调节机制;另一方面则是技术创新模式的投入调节机制。

首先,技术创新模式的风险调节机制是指因技术创新风险的强度不同,异质性技术创新模式企业将会对终极控制股东行为偏好产生不同的影响,进而使其对目标控制公司的资本结构产生不同的影响。考虑到负债融资具有股权非稀释效应和可控资源效应,终极控制股东往往会偏好于目标控制公司增加负债融资,从而使其获取更多的可控资源。同时负债融资也具有破产威胁效应和资产约束效应,这两种效应往往会对终极控制股东的负债融资偏好产生约束。虽然受到终极控制权结构的影响,负债融资的破产威胁效应和资产约束效应并不会对终极控制股东喜好负债融资的行为产生决定性的改变,但是如果这两种效应持续增加,必然会负向调节终极控制股东负债融资偏好的程度,进而影响目标控制企业负债融资的水平。在技术创新中,探索式创新企业风险更大,开发式创新企业风险更小,从而探索式创新企业在经营过程中所面临的破产威胁风险一般会高于开发式创新企业;同时在进行负债融资时所面临的外部约束也会比开发式创新企业要大。这样,终极控制股东在对探索式创新企业进行控制时,所遭受负债融资的破产威胁效应和资产约束效应的影响要更强。因此，相对于开发式创新企业而言，终极控制股东对探索式目标控制企业的负债融资意愿要更弱，也就是说，随着两权偏离度的提高，探索式创新企业相对开发式创新企业而言，两权偏离度和目标控制公司资本结构的正向关系更弱。

其次，技术创新模式的投入调节机制是指因异质性创新模式企业的特征不同，终极控制股东对目标控制企业的技术创新投入产生不同的影响，进而使得目标控制公司的资本结构产生不同的结果。如前文所述，在两权偏离度不断提高的背景下，终极控制股东整体上会抑制目标控制企业的技术创新，减少创新投入。假若终极控制股东推动目标控制公司进行创新，那么在两权偏离度提高的情况下，其在技术创新中更偏好高收益项目，更愿意进行探索式创新，愿意目标控制公司对探索式创新项目增加技术创新投入。反之，在两权偏离度不断下降的背景下，终极控制股东在技术创新中更偏好低风险项目，更愿意进行开发式创新，由于开发式创新企业主要从事低风险技术创新，此时终极控制股东会更愿意促使开发式创新企业加大技术创新投入，而不愿意探索式创新企业增加技术创新投入。

由前文可知，技术创新投入是终极控制股东影响目标控制公司资本结构的中介变量。随着技术创新投入的改变，将会促使目标控制公司的资本结构发生变化。无论是开发式创新企业还是探索式创新企业，如果技术创新投入增加，由于信息不对称、第一类委托代理冲突和资源的专用性等问题的出现，将使得外部投资者对技术创新要么减少资金支持，要么提高融资利率或附加融资约束，两者都会使得目标控制企业减少负债融资。同时，创新投入的增加也可能引起公司破产风险和财务约束的增加，这会使得负债融资的破产威胁效应和资源转移限制效应的强度变大，从而减弱终极控制股东负债融资的意愿，进而减少了目标控制公司的负债，资本结构下调。所以，相对开发式创新企业而言，两权偏离度的提高会促使探索式创新企业的技术创新投入相对上升，而技术创新投入的相对增加将会使得目标控制企业的负债融资相对下降，对目标控制公司负债融资的上升具有减缓的作用。

基于以上分析，针对技术创新模式对两权偏离度影响资本结构的调节效应，可以提出如下假设：

假设3：技术创新模式对两权偏离度影响目标控制公司的资本结构具有

调节作用,随着两权偏离度的提高,探索式创新企业的两权偏离度和目标控制公司资本结构之间的正向关系会相对减弱(图 6-1)。

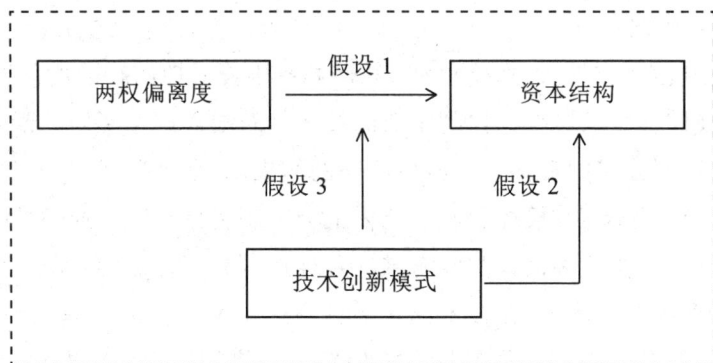

图 6-1　相关假设逻辑图

6.2 模型的设计和指标的选取

6.2.1 变量定义

表 6-1 对本章所采纳的被解释变量、解释变量和控制变量做出了介绍。

1. 被解释变量

与前文一致,被解释变量是资本结构(LEV)。资本结构测算方法有很多种,本书在代理变量选择上采用一般做法来衡量资本结构,即负债与企业总资产的比率,使用某一企业期末总负债与期末总资产的比值衡量资本结构。其中,资产和债务均采用账面价值法确定。该变量水平越高,则意味着公司负债融资越多。

2. 解释变量

解释变量为终极控制权与现金流权偏离度(即两权偏离度)和技术创新模式。

1）终极控制权和现金流权偏离度

与前文保持一致，继续使用终极控制股东控制权除以终极控制股东现金流权（即终极控制权／现金流权）测算两权偏离度，用以反映终极控制股东的行为特征。同时，本书将继续借鉴孙健（2008）的研究成果，用测量终极控制股东行为特征的代理变量 CB 作为两权偏离度 CV 的替代变量，对相关模型进行稳健性检验。

表6-1　研究变量定义和说明

变量	符号	变量定义及计算方法
Panel A. 被解释变量		
资本结构	LEV	负债／企业总资产，资产债务均采用账面价值法确定
Panel B. 解释变量		
	CV	终极控制股东控制权／终极控制股东现金流权
两权偏离	CB	董事会中终极控制股东派驻的董事比例／现金流权，该指标将用于稳健性检验。
技术创新投入	IM	虚拟变量：若上市公司为探索型创新企业则取1，否则取0
Panel C. 控制变量		
成长能力	Grow	托宾 Q 值，（负债账面价值＋权益市场价值）／总资产账面价值
盈利能力	Prof	息税折旧摊销前利润／总资产，公司息税折旧摊销前利润＝净利润＋所得税＋利息＋折旧＋摊销
担保价值	Cva	（期末固定资产＋期末存货）／总资产
企业规模	Size	对期末总资产取自然对数，ln（期末总资产）

续表

变量	符号	变量定义及计算方法
行业	Indu	按证监会的分类标准（行业门类为准），剔除金融保险业后，依据最终筛选出公司的具体情况，样本公司分布在 13 个行业，设置 12 个虚拟变量，行业虚拟变量用来控制行业因素的影响。当第 i 家公司第 t 年属于某个行业时，为 1，否则为 0
年度	Year	以 2014 年为基准，引入 4 个变量，当公司属于年度 k 时，该虚拟变量取 1，否则为 0

2）技术创新模式

与前文一致，技术创新模式（IM）是虚拟变量，用来区分按照创新模式划分的异质性创新企业，取 1 时，表示该目标控制企业是探索式创新企业；取 0 时，表示该目标控制企业是开发式创新企业。在划分探索式创新企业和开发式创新企业时，本书将参照唐清泉和肖海莲（2012）研究的做法进行确定。

3. 控制变量

参考国内外资本结构决定因素研究成果，本书采用成长能力（Grow）、盈利能力（Prof）、担保价值（Cva）、公司规模（Size）、所属行业（Indu）和年度（Year）这六方面因素作为控制变量。

6.2.2 模型设计

本书为了全面考察技术创新模式、两权偏离度与目标控制公司资本结构之间的关系，建立如下回归计量模型来验证终极控制权结构对目标控制公司资本结构的影响，以及技术创新模式的调节作用。

$$\text{LEV}_{i,t}=\beta_0+\beta_1\times\text{CV}_{i,t}+\beta_2\times\text{IM}_{i,t}+\beta_3\times\text{CV}_{i,t}\times\text{IM}_{i,t}+\beta_4\times\text{Grow}_{i,t}+\beta_5\times\text{Prof}_{i,t}+\beta_6\times\text{Cva}_{i,t}+\beta_7\times\text{Size}_{i,t}+\text{ui}+\text{vt}+\varepsilon_{i,t} \tag{6-1}$$

该模型中，$LEV_{i,t}$ 表示资本结构；$CV_{i,t}$ 表示两权偏离度,反映终极控制股东的行为特征；$IM_{i,t}$ 表示创新模式；u_t 表示个体非观测效应；vi 表示时间非观测效应；为随机误差项,能够满足古典线性回归模型的基本假定；$Grow_{i,t}$、$Prof_{i,t}$、$Cva_{i,t}$、$Size_{i,t}$ 为控制变量,分别代表了公司的成长能力、盈利能力、担保价值和公司规模。β_0 是截距项,表示其他变量为 0 时因变量的情况,β_1 和 β_2 分别表示两权偏离度和技术创新模式对目标控制公司资本结构的影响系数,β_3 为两权偏离度和技术创新模式的交互作用对目标控制公司资本结构的影响系数。β_4、β_5、β_6、β_7 分别表示成长能力、盈利能力、担保价值、公司规模对公司资本结构的影响系数。另外,本书的所有模型都控制了行业、时间等因素,受篇幅所限,行业和时间的回归结果与描述性统计没有报告。

与第 4 章相似,在具体实证分析中,为了有效地和稳健地验证假说,本章尝试采用两种计量模型进行实证分析：一种是多元线性回归模型,一种是面板回归模型。通过两种模型的联合分析,既可以简单直观地验证假说,还能够在挖掘数据特征的基础上进一步科学地验证假说,从而对本书理论演绎的结论提供强有力的支撑。

与第 4 章相似,为了体现创新模式的调节作用,本书不仅采用交互项回归的方式分析验证,而且也采用了分组回归的方式进行分析验证。因此,本书设计 6 个模型：模型 1、2、3 对全样本模型和分组样本模型（探索式创新企业样本模型和开发式创新企业样本模型）进行了回归,除了相关控制变量以外,模型 1、2、3 仅引入解释变量终极控制权和现金流权的偏离度（CV）,而未考虑解释变量创新模式（IM）。模型 4 仅对解释变量技术创新模式进行回归分析；模型 5 对解释变量终极控制权和现金流权的偏离度、技术创新模式共同进行回归分析；模型 6 则在模型 5 的基础上进一步引入了两权偏离度与技术创新模式的交互项。

6.2.3 样本选择和数据来源

本章选取的样本来源于中国上海证券交易所和中国深圳证券交易所发行 A 股的上市公司,样本数据时间跨度为 2014—2018 年。为保证统计分析的合理性,进行样本遴选：①剔除历史上被特别处理过的公司；②剔除金融保险类上市公司；③对存在数据缺失的上市公司进行删除。通过以上步骤,最终本书选择了 2014—2018 年 230 个上海证券交易所和深圳证券交易所发行 A 股的上市公司共计 1 150 个样本观测值。按照唐清泉和肖海莲（2012）的研究成果,将样本按照创新模式进行分类,具体见表 4-2。

数据来源与前文一致,本书所用的数据来自 CSMAR 上市公司股东数据库、上市公司治理结构数据库、WIND 金融数据库,并利用年报进行调整。

6.3 计量模型的估计结果与回归分析

6.3.1 描述性统计分析与均值差异检验

表 6-2 为主要变量资本结构（LEV）、两权偏离度（CV，CB）的描述性统计结果。首先,看资本结构的情况。探索式创新企业（0.364 7）相对于开发式创新企业（0.425 6）而言,资本结构平均水平要低。其次,看两权偏离度的情况。体现终极控制股东行为特征的两权偏离度 CV、CB 的均值为 1.324 3、2.827 1,并且探索式创新企业的两权偏离度 CV（1.326 1）、CB（2.891 7）高于开发式创新企业的两权偏离度 CV（1.315 8）、CB（2.794 7）,说明探索式创新企业的终极控制股东的控制能力更强,获取私有收益的动机和能力更大。同时,也表明采用孙健（2008）的方法测量终极控制股东行为动机更为显著,CB 是一个较好的替代变量。

表 6-2　主要变量的描述性统计

样本	变量	均值	标准差	最小值	最大值	观测值
全样本	LEV	0.375 3	0.214 5	0.007 5	0.963 7	1 150
	CV	1.324 3	0.885 8	1	13.944 4	1 150
	CB	2.827 1	3.188 9	0.380 9	31.746 0	1 150

续表

样本	变量	均值	标准差	最小值	最大值	观测值
探索式	LEV	0.364 7	0.212 6	0.007 5	0.963 7	949
	CV	1.326 1	0.939 8	1	13.944 4	949
	CB	2.891 7	3.314 0	0.380 9	31.746 0	949
开发式	LEV	0.425 6	0.216 6	0.027 4	0.863 6	201
	CV	1.315 8	0.566 7	1	4.019 3	201
	CB	2.794 7	2.515 9	0.674 4	19.043 8	201

表 6-3 为探索式创新企业与开发式创新企业资本结构（LEV）的均值比较。通过均值比较发现,探索式创新企业的资本结构（0.364 7）在 1% 的水平上显著低于进行开发式创新的企业（0.425 6）,均值比较的结果印证了假设 2 的观点。探索式创新投资经营管理的综合风险更大,现金流不确定性更强,代理问题更严重,信息不对称更严重,必然会面临更大的负债融资约束,使其资本结构水平要低于开发式创新企业。

表 6-3 探索式创新企业与开发式创新企业资本结构（LEV）的均值比较

变量	创新模式	均值	标准差	最小值	最大值	观测值	均值 t 检验
LEV	全样本	0.375 3	0.214 5	0.007 5	0.963 7	1 150	
	探索式	0.364 7	0.212 6	0.007 5	0.963 7	949	−0.061 0*** （0.016 6）
	开发式	0.425 6	0.216 6	0.027 4	0.863 6	201	

注:*, **, *** 分别表示在 10%, 5% 和 1% 的显著性水平。

表 6-4 为模型（6-1）的相关变量 Pearson 相关性检验。结果显示解释变

量、控制变量之间（除了 CV 和 CB 以外）的相关系数均小于 0.5，可能不存在显著的共线性。CV 和 CB 的相关系数为 0.738，通过了 1% 水平上的显著性检验，说明 CB 是 CV 较好的替代变量。并且被解释变量资本结构（LEV）和解释变量、控制变量之间两两相关的显著性都很高，通过了 1% 水平上的显著性检验，说明模型变量选择可行。

表 6-4　相关变量 Pearson 相关性检验表

	LEV	CV	CB	Grow	Prof	Cva	Size
CV	1.000						
CB	0.112***	1.000					
Grow	0.091***	0.738***	1.000				
Prof	−0.363***	−0.035	−0.038	1.000			
LEV	−0.152***	0.027	−0.02 0	0.183***	1.000		
Size	0.428***	0.040	0.072**	−0.241***	−0.003	1.000	
Size	0.675***	0.030	−0.00 6	−0.366***	−0.068**	0.192***	1.000

注：*，**，*** 分别表示在 10%，5% 和 1% 的显著性水平。

6.3.2 多元线性回归分析

1. 多元线性回归分析的相关检验

将模型（6-1）视为多元线性回归计量模型后，在初步回归的基础上计算相关的统计检验指标（表 6-5）。结果显示，所有模型的 VIF 检验值均小于 2，可以认为都不具有显著的多重共线性问题。所有模型 White 检验值都通过了显著性检验,认为模型存在异方差问题,本书采用加权最小二乘法进行参数估计。

表 6-5 多元回归分析的相关检验

模型	VIF	White	模型	VIF	White	模型	VIF	White
模型 1	1.03	123.98***	模型 2	1.03	104.50***	模型 3	1.07	42.46**
模型 4	1.03	89.55***	模型 5	1.03	133.29***	模型 5	1.79	127.65***

注:*,**,*** 分别表示在 10%,5% 和 1% 的显著性水平。

2. 多元线性回归结果的分析

表 6-6 显了 6 种模型的多元线性回归结果。模型中,大多数变量的系数都在 1% 得水平上通过了显著性检验。

看模型 1(全样本回归模型)的回归结果,全样本列的 CV 系数 1% 的水平上显著为正值(0.029 6),说明两权偏离度与目标控制公司的资本结构呈现正相关关系,模型 1 的实证结果印证了假设 1 的观点。当两权偏离度提高,终极控制股东获取控制权私有收益的能力加强,侵害目标控制公司的动力越强,从而进行负债融资侵害,目标控制公司资本结构将会提高。

表 6-6 技术创新模式、两权偏离度对公司资本结构的影响:多元回归模型的回归结果

变量	模型 1 (全样本)	模型 2 (探索式	模型 3 (开发式)	模型 4	模型 5	模型 6
CV	0.029 6***	0.028 7***	0.038 4*		0.029 6***	0.057 6***
	(0.000 0)	(0.006 7)	(0.021 8)		(0.006 5)	(0.010 8)
IM				-0.048 2***	-0.048 4***	-0.044 1**
				(0.013 7)	(0.013 6)	(0.013 3)
CV*IM						-0.031 5***
						(0.009 5)
Grow	-0.383 7***	-0.344 5***	-0.417 0*	-0.418 5***	-0.379 0***	-0.378 4***
	(0.100 8)	(0.113 0)	(0.214 0)	(0.100 9)	(0.100 3)	(0.100 5)

续表

变量	模型 1 （全样本）	模型 2 （探索式）	模型 3 （开发式）	模型 4	模型 5	模型 6
Prof	−0.429 0***	0.298 4***	−0.849 7***	−0.399 9***	−0.417 6***	−0.417 5***
	(0.091 7)	(0.100 7)	(0.212 3)	(0.092 1)	(0.091 3)	(0.091 5)
Cva	0.608 9***	0.586 9***	0.570 2***	0.605 4***	0.597 5***	0.601 0***
	(0.035 0)	(0.038 7)	(0.081 1)	(0.035 2)	(0.035 0)	(0.034 9)
Size	0.000 1***	0.000 1***	0.0004***	0.000 1***	0.000 1***	0.000 1***
	(9.78e-06)	(9.82e-06)	(0.0001)	(9.84e-06)	(9.75e-06)	(9.77e-06)
N	1 150	949	201	1 150	1 150	1 150
时间	控制	控制	控制	控制	控制	控制
行业	控制	控制	控制	控制	控制	控制
R^2	0.338 4	0.333 4	0.420 4	0.333 1	0.345 6	0.343 8
F	117.05***	94.32***	28.29 ***	114.26***	100.59***	99.81***

注：括号内为系数所对应的标准误，*，**，*** 分别表示在 10%，5% 和 1% 的显著性水平。

看模型 2（探索式创新企业样本模型）、模型 3（开发式创新企业样本模型）的回归结果，模型 2 和模型 3 的解释变量终极控制权和现金流权偏离度（CV）的系数都为正值（模型 2 在 1% 水平下显著，后者则显著性较低），表明两权偏离度和资本结构正相关，模型 2 和模型 3 的实证结果印证了假设 1 的观点。同时进一步对比分析可以发现，探索式创新的企业 CV 系数（0.028 7）比开发式创新企业的 CV 系数（0.038 4）要小，说明相对于开发式创新企业，探索式创新企业的两权偏离度对目标控制公司资本结构的正向关系将会减弱,模型 2 和模型 3 的实证结果印证了假设 3 的观点。两权偏离度提高,终极控制股东在探索式创新企业中的负债融资动机更弱,而在开发式创新企业中的负债融资动机更强,终极控制股东更偏好于对开发式创新企业进行负债侵害,而在探索式创新企业中更谨慎地进行负债融资。

看模型 4 的回归结果,创新模式的 IM 系数在 1% 水平上显著为负值(-0.048 2),说明探索式创新相对于开发式创新而言资本结构更低,创新模式和资本结构之间负相关,实证结果印证了假设 2 的观点。相对于开发式创新企业,探索式创新企业的技术创新风险大、不确定性强,同时所涉及的资源差异性大,缺乏有形资产,这些问题使得外部债权人往往减少对探索式创新企业进行负债融资,或者通过提高融资利率使得企业降低自身的负债融资意愿,结果探索式创新企业便会较少进行负债融资。

看模型 6 的回归结果,两权偏离度 CV 的系数在显著性 1% 的水平上为正值(0.057 6),说明两权偏离度和目标控制公司资本结构之间正相关,实证结果继续印证了假设 1 的观点。同时结果显示,两权偏离度 CV 和创新模式 IM 的交互项系数在显著性 1% 的水平上为负值(-0.031 5),说明交互项弱化了两权偏离度与目标控制公司资本结构之间的正相关关系,实证结果印证了假设 3 的观点。技术创新模式对控制权私有收益影响资本结构具有调节作用,探索式创新企业相对于开发式创新企业而言,终极控制股东更愿意在后者加强负债,而对前者适当减少负债。

看控制变量的实证结果,模型 6 中,成长能力与资本结构之间在 1% 水平上呈现显著负相关,说明成长能力增强,目标控制公司资本结构将会下降;盈利能力与资本结构之间在 1% 水平上呈现显著负相关,说明盈利能力增强,企业资本结构将会减少;目标控制公司规模与创新投入之间在 1% 的水平上呈现显著正相关,说明目标控制公司规模扩大,资本结构将会增加;担保价值与资本结构之间在 1% 水平上呈现显著正相关,说明担保价值提高,目标控制公司资本结构将会上升。

6.3.3 静态面板回归分析

1. 静态面板回归分析的相关检验

首先,采用 F 检验和 BP 检验对固定效应和随机效应进行检验,检验结果（表6-7）均拒绝原假设。其次，根据 Hausman 检验对模型进行了设定，结果显示强烈拒绝原假设，模型（6-1）应使用固定效应模型更适合。

表6-7　混合、固定和随机效应检验检验

模型	F 检验	BP 检验	Hausman 检验
模型 1	22.48 ***	1 470.09***	10.99***
模型 2	22.89 ***	1 385.94 ***	52.54***
模型 3	22.43 ***	1 364.54 ***	56.36***
模型 4	22.47 ***	1 361.98***	57.37 ***

注:*, **, *** 分别表示在10%, 5%和1%的显著性水平。

与前文一致，使用 Wald 检验异方差问题，采用 Wooldridge 进行一阶自相关检验（表6-8）。四个模型都显著存在异方差和序列相关。鉴于以上分析，将采用 Driscoll 和 Kraay（1998）标准差方法进行估计，从而用以纠正异方差和序列相关问题。

表6-8　静态面板回归模型的异方差检验和序列相关检验

模型	Wald 检验	Wooldridge 检验
模型 1	4.2e+06***	85.622 ***
模型 2	1.4e+06***	30.810***
模型 3	1.6e+06***	35.337 ***
模型 4	3.8e+05 ***	34.623***

注:*, **, *** 分别表示在10%, 5%和1%的显著性水平。

2. 静态面板回归结果的分析

对相关模型进行了固定效应回归，结果见表6-9。看模型1、3、4的回归结果，两权偏离度的CV系数都为正值（0.025 5，0.025 7，0.054 9），并且至少在5%的水平上显著，说明两权偏离度对目标控制公司资本结构的直接影响为正，两个变量之间表现为较为显著的正相关关系，实证结果再次印证了假设1的观点。当企业终极控制权与现金流权偏离度提高时，终极控制股东获取私有收益的能力变强，将致使终极控制股东更偏好目标控制企业进行负债融资，从而扩大其可控资源，结果资本结构将会上升。

表6-9　技术创新模式、两权偏离度对资本结构的影响：静态面板数据模型的回归结果

变量	模型 1	模型 2	模型 3	模型 4
CV	0.025 5** （0.010 7）		0.025 7** （0.008 9）	0.054 9*** （0.007 1）
IM		-0.047 8 *** （0.010 4）	-0.048 5*** （0.009 6）	-0.038 4** （0.015 3）
CV * IM				-0.031 7*** （0.004 6）
Grow	-0.019 4** （0.005 1）	-0.420 8** （0.069 1）	-0.381 0*** （0.062 0）	-0.379 5*** （0.063 9）
Prof	-0.372 3*** （0.048 9）	-0.396 8*** （0.008 3）	-0.413 4*** （0.011 3）	-0.414 0*** （0.010）
Cva	0.538 6** （0.130 7）	0.604 3*** （0.105 4）	0.597 5*** （0.100 1）	0.600 9*** （0.102 9）
Size	0.000 1*** （0.000 02）	0.000 1*** （0.000 02）	0.597 4*** （0.100 1）	0.000 1*** （0.000 02）
N	1 150	1 150	1 150	1 150
时间	控制	控制	控制	控制
行业	控制	控制	控制	控制

续表

变量	模型 1	模型 2	模型 3	模型 4
R^2	0.359 5	0.331 1	0.342 1	0.341 4
F	636.83***	2 486.17 ***	3 089.09***	583.52***

注:括号内为系数所对应的标准误,*,**,*** 分别表示在 10%,5% 和 1% 的显著性水平。

看模型 2、3、4 的回归结果,创新模式的 IM 系数都为负值 (-0.047 8,-0.048 5,-0.038 4),都至少通过了 5% 显著性检验,说明探索式创新相对于开发式创新而言资本结构更少,技术创新模式与技术创新投入表现为较为显著的负相关关系,实证结果印证了假设 2 的观点。

看模型 4 的回归结果,两权偏离度 CV 和技术创新模式 IM 的交互项系数在显著性 1% 的水平上为负值 (-0.031 7),说明随着两权偏离度的提高,终极控制股东在探索式创新企业中的负债意愿相对降低,而在开发式创新企业中的负债融资意愿相对加强,交互项弱化了两权偏离度与目标控制公司资本结构之间的正向相关关系。可见,技术创新模式对两权偏离度影响资本结构具有调节作用,实证结果印证了假设 3 的观点。

6.3.4 稳健性检验

为了对相关假说提供可靠的实证支持,使用变量替换的方式进行稳健性检验 (表 6-10)。

表6-10　技术创新模式、两权偏离度对资本结构的影响：稳健性检验的回归结果

变量	模型 1	模型 2	模型 3	模型 4
CB	0.005 5**		0.005 6**	0.012 3***
	（0.002 2）		（0.001 8）	（0.000 5）
IM		−0.047 8 **	−0.047 3***	−0.007 4**
		* （0.010 4）	（0.009 2）	（0.001 8）
CV * IM				−0.007 4***
				（0.001 8）
Grow	−0.019 6**	−0.420 8**	−0.406 9***	−0.405 9***
	（0.005 0）	（0.069 1）	（0.068 5）	（0.068 6）
Prof	−0.354 1***	−0.396 8***	−0.351 6***	−0.396 5***
	（0.051 6）	（0.008 3）	（0.009 6）	（0.013 2）
Cva	0.535 7**	0.604 3***	0.595 3***	0.605 0***
	（0.131 2）	（0.105 4）	（0.101 0）	（0.104 9）
Size	0.000 1***	0.000 1***	0.000 1***	0.000 1***
	（0.000 02）	（0.000 02）	（0.000 02）	（0.000 02）
N	1 150	1 150	1 150	1 150
时间	控制	控制	控制	控制
行业	控制	控制	控制	控制
R^2	0.359 5	0.331 1	0.342 1	0.341 4
F	636.83***	2 486.17 ***	3 089.09***	583.52***

注：括号内为系数所对应的标准误，*，**，*** 分别表示在10%，5% 和 1% 的显著性水平。

继续采用孙健（2008）在赖建清（2003）研究的基础上提出的一个新的测量终极控制股东行为特征的代理变量CB，作为终极控制股东行为特征的代理变量，重新对假设1、假设3进行面板回归模型分析。经过相关的面板回归检验后，面板回归模型采用固定效应模型，同时模型存在着异方差和序列相关。鉴于以上分析，本书将采用 Driscoll 和 Kraay（1998）标准差方法进行估计，从而纠正异方差和序列相关问题。实证结果继续印证了研究假说1、2、3的观点。因而，本章理论演绎的观点是稳健可靠的。

6.4 小结

本章对所选取的中国上海证券交易所和深圳证券交易所 A 股部分上市公司 2014—2018 年的数据，通过分组回归（全样本、探索式创新企业样本和开发式创新企业样本）和交互项回归（创新模式和两权偏离度交互），利用多元线性回归计量模型和面板回归计量模型，分析了技术创新模式、终极控制权结构对资本结构的影响。实证分析结果和理论分析观点一致：首先，两权偏离度与资本结构正相关，即终极控制权和现金流权的偏离程度越高，目标控制企业的资本结构就越多；其次，探索式创新企业较开发式创新企业负债融资更少，探索式创新企业资本结构水平低于开发式创新企业；最后，技术创新模式对两权偏离度影响目标控制公司的资本结构具有调节作用，随着两权偏离度的提高，探索式创新企业的两权偏离度和其资本结构之间的正向关系会相对减弱。

终极控制股东为了追逐控制权私有收益，偏好于扩大可控资源，增加负债融资，对目标控制公司进行负债融资侵害，而且终极控制股东不平衡的创新模式选择能够影响目标控制企业的负债融资偏好的强度，这种不合理和不平衡的负债融资选择不利于目标控制公司制订科学的财务融资计划。所以，必须要通过优化公司治理来约束终极控制股东的自利行为，促进目标控制公司进行合理的财务融资选择。本书就终极控制股东控制的目标控制企业如何在不同的创新模式下进行资本结构选择进行了理论演绎和实证分析,对优化中国企业的公司治理、促进企业科学地制订融资计划、加速自主创新战略具有一定的意义。

第7章　研究结论和建议

7.1 主要结论

从主要研究内容看,本书一方面对终极控制权结构影响目标控制公司资本结构、技术创新的机理进行了理论分析;另一方面,对技术创新中终极控制权结构影响目标控制公司资本结构的中介效应和调节效应进行了理论和实证分析。

在理论分析部分,通过文献梳理和模型推理,对终极控制权结构的特征、终极控制权结构影响目标控制公司资本结构和技术创新活动进行了分析,并且得到了一些重要的结论。首先,终极控制股东在特殊的控制结构安排下,使得终极控制权和现金流权相偏离,进而追求扩大可控资源和追逐控制权私有收益,对目标控制公司进行隧道侵害,做出不利于公司整体利益的决策。其次,负债融资的负面治理效应影响有限,终极控制股东在对负债融资负面效应保持关注和警惕的前提下,偏好于进行负债融资。再次,现金流权不断增加、合理的终极控制权水平能够促进目标控制公司开展技术创新;在现金流权下降、终极控制权超出合理限度、两权偏离程度逐渐增大的情况下,终极控制股东将会抑制目标控制公司开展技术创新;而且终极控制股东在两权偏离度提高时会偏好目标控制公司进行探索式创新活动,而在两权偏离度降低时偏好开发式创新活动。

从以上理论研究出发,本书对技术创新活动中终极控制权结构影响目标控制公司资本结构进行了理论和实证分析。相关结论如下:

第一,技术创新模式对终极控制权结构影响目标控制公司技术创新投入的调节效应分析。通过理论推演和实证分析发现,两权偏离度与目标控制公司技术创新投入负相关,即终极控制权和现金流权的偏离程度越高,目标控制公司的技术创新投入就越少;探索式创新企业技术创新投入水平高于开发式创新企业;相对于开发式创新企业,探索式创新企业的终极控制权与现金流权的偏离程度对技术创新投入的负向关系将会减弱。

第二,技术创新投入对终极控制权结构影响目标控制公司资本结构的中介效应分析。通过理论推演和实证分析发现,两权偏离度与目标控制公司资本结构正相关;两权偏离度对技术创新投入具有抑制作用;技术创新投入与资本结构负相关;技术创新投入是两权偏离度影响目标控制公司资本结构的中介变量,终极控制股东可以通过改变技术创新投入进而对目标控制公司的资本结构产生影响。

第三,技术创新模式对终极控制权结构影响目标控制公司资本结构的调节效应分析。通过理论推演和实证分析发现,两权偏离度与目标控制公司资本结构正相关;探索式创新企业资本结构水平低于开发式创新企业;随着两权偏离度的提高,探索式创新企业的两权偏离度和资本结构之间的正向关系会相对减弱。

7.2 政策建议

终极控制股东由于特殊的控制结构使其偏好于扩大可控资源、追求控制权私有收益、对目标控制公司进行利益侵害,进而对公司经营管理带来了很多负面的影响。终极控制股东不仅抑制了目标控制公司的技术创新投入,使得目标控制公司技术创新模式选择不协调,而且还能通过技术创新更加隐蔽地对目标控制公司实施负债融资侵害,扩大可控资源。同时,不平衡的技术创新模式选择也影响了终极控制股东对目标控制公司的负债融资偏好的强度。由此可见,终极控制股东抑制技术创新、进行负债融资侵害的行为不利于目标控制公司制订合理的创新战略和科学的财务融资计划,损害了公司的整体利益,无助于创新企业合理健康地发展。为此,本书提出了以下政策建议:

第一,加强上市公司信息披露。

在终极控制背景下,外部相关利益人很难对公司进行监察,终极控制股东通过特殊的终极控制权结构对目标控制公司进行控制,隐蔽地影响着目标控制公司的各种经营管理决策,结果使得外部相关利益人很难获得真实的公司经营管理信息。因此,有必要通过加强公司信息披露(尤其是终极控制股东信息的披露)来约束终极控制股东的侵害行为。目前,依照《上市公司管理办法》,中国证券监督管理委员会依法对上市公司控股股东、实际控制人和信息披露义务人的行为进行监督。现在中国证监会已经要求上市公司披露终极控制股东与上市公司的关联(管理)关系、终极控制股东的变更情况以及与终极控制股东有关的收购、合并、分立、发行股份、回购股份、股权转让、资产重组或者其他重大事件情况。不过就终极控制股东有关的情况还需要继续强化信息披露。首先,要制定专门的终极控制股东信息披露规则,明确与之有关的各方在信息披露中的权责利,保证信息披露的及时、可靠和透明;其次,及时、准确、全面地披露终极控制股东在公司重大事项上所体现的作用和可能产生的后续影响;最后,还要及时披露终极控制股东在公司各项重大事项间所产生的作用。总之,只有目标控制公司的信息披露不断地实现全面、及时、可靠,才有助于外部相关利益人利用这些信息来约束终极控制股东的行为。

第二,优化公司内部治理结构。

通过本书分析可以发现,就终极控制股东在技术创新活动中对目标控制公司资本结构的负面影响,可以通过优化公司内部治理结构来约束终极控制股东的自利行为,进而促进目标控制公司进行持久的技术创新投入和协调的技术创新模式选择,并进行合理的财务融资选择。首先,要继续发挥独立董事制度的作用,要尽量避免独立董事由终极控制股东指定产生,要规范独立董事的选拔制度,体现公平、公正和公开的原则;其次,要发挥不同利益相关者的制衡作用,尤其是对大股东之间的制衡作用,限制终极控制股东的势力不断扩展,进而更好地保护中小投资者的利益。

第三,继续发展控制权市场。

控制权市场是有效的外部治理手段,通过控制权市场可以强化并购重组对终极控制股东的制约作用。控制权市场的本质目标是进行社会资源的合理配置,通过资本市场将公司控制权配置给最优方。一般而言,终极控制股东需要在保证对目标控制公司进行有效控制的前提下,进行隧道侵害,获取控制权私有收益,一旦控制权丧失,终极控制股东便不能够继续获取相关的控制权利益。在成熟的资本市场下,股票市场和债券市场为相关利益人提供了有效争夺目标公司的途径,终极控制股东可以根据两个市场的情况对目标控制公司进行控制权调整,当外部压力增大时,终极控制股东便会降低对目标控制公司的侵害活动。因此,必须不断地完善股票市场和债券市场的制度建设,降低交易成本,调高资本市场的运作效率,提高控制权市场对终极控制股东侵害行为的约束效果。

参考文献

[1]Aghion P，Bolton P. An Incomplete contracts approach to financial contracting [J]. The Review of Economic Studies，1992，59(3)：473 - 499.

[2]Almeida H，Campello M，Liu C. The financial accelerator：evidence from international housing markets [J]. Review of Finance，2006(10)：321- 352.

[3]Bany-Ariffin A N，Fauzias M N，Mcgowan Jr C B. Pyramidal structure，firm capital structure exploitation and ultimate owners' dominance [J]. International Review of Financial Analysis，2010，19(3)：151 - 164.

[4]Barclay M J，Holderness C G. Private benefits of control of public corporations [J]. Journal of Financial Economics，1989，25(2)：371 - 395.

[5]Baron R M，Kenny D A. The moderator-mediator variable distinction in social psychological research：conceptual，strategic and statistical considerations [J]. Journal of Personality and Social Psychology，1986，51(6)：1173 - 1182.

[6]Bebchuk L，Kraakman R，Triantis G. Stock pyramids，cross-ownership，and dual class equity：the mechanisms and agency costs of separating control from cash-flow rights [R]. NBER Working Paper，1999.

[7]Berle A，Means G. The modern corporation and private property [M]. New York：Macmillan，1932.

[8]Birkinshaw J，Gibson C. Building ambidexterity into an organization

[J]. MIT Sloan Management Review, 2004, 45(4) : 47-55.

[9]Black F, Scholes M. The pricing of options and corporate liabilities [J]. Journal of Political Economy, 1973(81): 637 - 654.

[10]Brander J A, Lewis T R. Oligopoly and financial structure: the limited liability effect [J]. American Economic Review, 1986, 76(5): 956 - 970.

[11]Boubaker S. On the relationship between ownership-control structure and debt financing : new evidence from france [J]. Social Science Electronic Publishing, 2007, 5(1): 124 - 156.

[12]Carmeli A, Halevi M Y. How top management team behavioral integration and behavioral complexity enable organizational ambidexterity : the moderating role of contextual ambidexterity [J]. The Leadership Quarterly, 2009, 20(2): 1 - 218.

[13]Claessens S, Djankov S, Lang L H P. The separation of ownership and control in East Asian corporations [J]. Journal of Financial Economics, 2000, 58(2): 81 - 112.

[14]Claessens S, Djankov S, Fan J H P, et al. Disentangling the incentive and entrenchment effects of large shareholdings [J]. The Journal of Finance, 2002, 57(6): 2741 - 2771.

[15]Czamitzki D, Kraft K. Capital control, debt financing and innovative activity [J]. Journal of Economic Behavior and Organization, 2009, 71(2): 372 - 383.

[16]Dann L Y, Deangelo H. Corporate financial policy and corporate control: a study of defensive adjustments in asset and ownership structure [J]. Journal of Financial Economics, 1988, 20(1): 87 - 127.

[17]David P, Gimeno H J. The influence of activism by institutional investors on R&D [J]. The Academy of Management Journal, 2001, 44(1): 144 - 157.

[18]Deangelo H, Masulis R W. Optimal capital structure under corporate and personal taxation [J]. Journal of Financial Economics, 1980, 8(1): 3 - 29.

[19] Driscoll J C，Kraay A C. Consistent covariance matrix estimation with Spatially dependent panel data [J]. Review of Economics & Statistics，1998，80(4)：549 - 560.

[20] Du J，Dai Y. Ultimate corporate ownership structures and capital structures：evidence from East Asian economics [J]. Corporate Governance An International Review，2010，13(1)：60 - 71.

[21] Dyck A，Zingales L. Private benefits of control：an international comparison [J]. The Journal of Finance，2004，59(2)：537 - 600.

[22] Faccio M，Lang L H P，Young L. Debt and corporate governmance[R]. SSRN Working paper，2001.

[23] Fama E F，Jensen M C. Agency problems and residual claims [J]. The Journal of Law and Economics，1983，26(2)：327 - 349.

[24] Filatotchev I，Mickiewicz T. Ownership concentration，private benefits of control and debt financing [J]. UCL SSEES Economics and Business working paper series，2001(4).

[25] Freeman C，Soete L. The economics of industrial innovation [J]. Social Science Electronic Publishing，1997，7(2)：215 - 219.

[26] Gibson C B，Birkinshaw J. The antecedents，consequences，and mediating role of organizational ambidexterity [J]. The Academy of Management Journal，2004，47(2)：209 - 226.

[27] Grossman S J，Hart O D. One share-one vote and the market for corporate control [J]. Journal of Financial Economics，1988，20(1)：175 - 202.

[28] Harris M，Raviv A. corporate control contests and capital structure[J]. Journal of Financial Economics，1988，20(1-2)：55 - 86.

[29] Hart O，Moore J. Property rights and the nature of the firm [J]. Journal of Political Economy，1990，98(6)：1119 - 1158.

[30] Hart O，Moore J. Debt and seniority：an analysis of the role of hard claims in constraining management [J]. American Economic Review，1995，85(3)：567 - 585.

[31]Himmelberg C P, Petersen B C. R&D and internal finance: a panel study of small firms in high-tech industries [J]. The Review of Economics and Statistics, 1994, 76(76): 38 - 51.

[32]Hsu H E. Institutional ownership, capital structure and R&D investment [J]. International Conlerence on Economicand Finance Research, 2011(4): 362 - 365.

[33]Hund J, Monk D, Tice S. Uncertainty about average profitability and the diversification discount [J]. Journal of Financial Economics, 2010, 96(3): 463 - 484.

[34]Israel R. Capital Structure and the market for corporate control: the defensive role of debt financing [J]. Journal of Finance, 1991, 46(4): 1391 - 1409.

[35]Jensen M C, Meckling W H. Theory of the firm: managerial behavior, agency costs and ownership structure [J]. Social Science Electronic Publishing, 1976, 3(4): 305 - 360.

[36]Jensen. Agency costs of free cash flow, corporate finance, and takeovers [J]. American Economics Review, 1986, 76(2): 323 - 329.

[37]Johnson S, La Porta R, Lopez-de-Silanes F, et al. Tunneling [J]. American Economic Review, 2000, 90(2): 22 - 27.

[38]Jordan J, Lowe J, Taylor P. Strategy and financial policy in UK small firms [J]. Journal of Business Finance & Accounting, 1998, 25(2): 1 - 27.

[39]Judd C M, Kenny D A. Process analysis: estimating mediation in treatment evaluations [J]. Evaluation Review, 1981, 5(5): 602 - 619.

[40]Kamien M I, Schwartz N L. Self-financing of an R&D project [J]. American Economic Review, 1978, 68(3): 252 - 261.

[41]La Porta R, Lopez-De-Silanes F, Shleifer A. Corporate ownership around the world [J]. The Journal of Finance, 1999, 54(2): 471 - 517.

[42]La Porta R, Lopez-De-Silanes F, Shleifer A, et al. Agency problems and dividend policies around the world [J]. Journal of Finance, 2000(1): 1 - 33.

[43] La Porta R, Lopez-De-Silanes F, Shleifer A, et al. Investor protection and corporate valuation [J]. Journal of finance, 2002, 57(3): 147 - 170.

[44] Lawson B, Samson D. Developing innovation capability in organisations: a dynamic capabilities approach [J]. International Journal of Innovation Management, 2001, 5(3): 377-400A

[45] Lehrer M, Tylecote A, Conesa E. Corporate Governance, innovation systems & industrial performance [J]. Industry and Innovation, 1999, 6(1): 25 - 50.

[46] Leland H E, Pyle D H. Information asymmetries, financial structure, and financial intermediation [J]. The Journal of Finance, 1977, 32(2): 371 - 387.

[47] Lemmon M L, Lins K V. Ownership structure, corporate governance and firm value : evidence from the East Asia financial crisis [J]. Journal of Finance, 2003, 58(4): 1445 - 1468.

[48] Levinthal D A, March J G. The myopia of learning [J]. Strategic Management Journal, 2010, 14(2): 95 - 112.

[49] Li M, Simerly R L. Environmental dynamism, capital structure and innovation : an empirical test [J]. The International Journal of Organizational Analysis, 2002, 10(2): 156 - 171.

[50] Long M, Malitz I. The Investment-financing Nexus: Some mpirical evidence [J]. Midland Corporate Finance Journal, 1985, 3(3): 53 - 59.

[51] Mendelson Y A. Asset pricing and the bid-ask spread [J]. Journal of Financial Economics, 1986, 17(2): 223 - 249.

[52] Miller M H. Debt and Taxes [J]. Journal of Finance, 1977, 32(2): 261 - 275.

[53] Modigliani F, Miller M H. The cost of capital, corporation finance, and the theory of investment [J]. American Economic Review, 1958, 48(3): 261 - 297.

[54] Modigliani F, Miller M H. Corporate income taxes and the cost of capital : a correction [J]. American Economic Review, 1963, 53(3): 433 -

443.

[55]Morck R, Shleifer A, Vishny R W. Management ownership and market valuation : an empirical analysis [J]. Journal of Financial Economics, 1988, 20(88): 293 - 315.

[56]Myers S C. Capital structure puzzle [J]. Journal of Finance, 1984, 39(3): 575 - 596.

[57]O' Brien J P. The capital structure implications of pursuing a strategy of innovation [J]. Strategic Management Journal, 2003, 24(5): 415 - 431.

[58]O' Connor M, Rafferty M. Corporate governance and innovation [J]. Journal of Financial & Quantitative Analysis, 2012, 47(2): 397 - 413.

[59]Rubinstein M E. Corporate financial policy in segmented securities markets [J]. The Journal of Financial and Quantitative Analysis, 1973, 8(5): 749 - 761.

[60]Ross S A. The determination of financial structure : the incentive - signalling approach [J]. Bell Journal of Economics, 1977, 8(1): 23 - 40.

[61]Sobel M E. Asymptotic confidence intervals for indirect effects in structural equation models [J]. Sociological Methodology, 1982, 13(13): 290 - 312.

[62]Shleifer A, Vishny R W. Large shareholders and corporate control [J]. The Journal of Political Economy, 1986, 94(3): 461 - 488.

[63]Shleifer A, Vishny R W. A survey of corporate governance [J]. The Journal of Finance, 1997, 52(2): 737 - 783.

[64]Showalter D M. Oligopoly and financial structure : comment [J]. American Economic Review, 1995, 85(3): 647 - 653.

[65]Singh M, Faircloth S. The impact of corporate debt on long term investment and firm performance [J]. Applied Economics, 2005, 37 (8): 875 - 883.

[66]Stiglitz J E. On the irrelevance of corporate financial policy [J]. The American Economic Review, 1974, 64(6): 851 - 866.

[67]Stulz R. Managerial control of voting rights：financial policies and the market for corporate control [J]. Journal of Financial Economics，1988(20)：25 - 54.

[68]Titman S. The effect of capital structure on a Firm's liquidation decision [J]. Journal of Financial Economics，1984，13(1)：137 - 151.

[69]Titman S，Tsyplakov S. A dynamic model of optimal capital structure [J]. Review of Finance，2007，11(3)：401 - 451.

[70]Tushman M L，O' Reilly C A. The ambidextrous organization：managing evolutionary and revolutionary change [J]. California Management Review，1996，38(4)：8 - 30.

[71]Veryzer R W. Discontinuous innovation and the new product development process [J]. Journal of product innovation management，1998，15(4)：304 - 321.

[72]Wang H，Li J. Untangling the effects of overexploration and overexploitation on organizational performance：the moderating role of environmental dynamism [J]. Journal of Management Official Journal of the Southern Management Association，2008，34(5)：925 - 951.

[73]Wanzenried G. Capital structure decisions and output market competition under demand uncertainty [J]. International Journal of Industrial Organization，2003，21(2)：171-200.

[74]Wright P，Ferris S P，Awasthi S V. Impact of corporate insider，blockholder，and institutional equity ownership on firm risk taking [J]. The Academy of Management Journal，1996，39(2)：441 - 463.

[75]Yeh Y，Ko C，Su Y. Ultimate control and expropriation of minority shareholders：new evidence from Taiwan [J]. Academic Economic PaPers，2003，31(3)：263 - 299.

[76]曹廷求，王倩，钱先航. 完善公司治理确实能抑制大股东的控制私利吗？[J]. 南开管理评论，2009（12）：18 - 26.

[77]柴斌峰. 中国民营上市公司 R&D 投资与资本结构、规模之间关系的实证研究 [J]. 科学学与科学技术管理，2011（32）：40 - 47.

[78] 陈金勇,汤湘希,赵华,等. 终极所有权结构差异、两权分离程度与自主创新 [J]. 山西财经大学学报, 2013 (10): 81 - 91.

[79] 程仲鸣,张鹏. 生命周期视角下终极控制股东与企业技术创新投资 [J]. 软科学, 2016 (3): 15 - 20.

[80] 戴跃强,达庆利. 企业技术创新投资与其资本结构、规模之间关系的实证研究 [J]. 科研管理, 2007 (28): 38 - 42.

[81] 冯根福,温军. 中国上市公司治理与企业技术创新关系的实证分析 [J]. 中国工业经济, 2008 (7): 91 - 101.

[82] 傅家骥. 技术创新理论的发展 [J]. 经济学动态, 1991 (7): 48 - 51.

[83] 葛敬东. 现金流权比例对终极股东剥夺行为的约束程度分析 [J]. 会计研究, 2006 (7): 52 - 58.

[84] 顾群. 控制权私有收益对企业创新投入与模式的影响研究:来自科技型中小企业的经验证据 [J]. 软科学, 2016 (1): 14 - 16.

[85] 顾群,李敏,郑杨. 控制权私有收益对企业双元创新平衡影响研究:公治理的调节作用 [J]. 贵州财经大学学报, 2018 (2): 78 - 85.

[86] 顾群,马秀茹. 产权性质、控制权私有收益与企业技术创新:基于 R&D 投资异质性视角 [J]. 财经理论研究, 2018 (4): 19 - 26.

[87] 关鑫,高闯. 我国上市公司终极股东的剥夺机理研究:基于"股权控制链"与"社会资本控制链"的比较 [J]. 南开管理评论, 2011 (14): 16 - 24.

[88] 郭海星,万迪昉. 政府干预、控制权私人收益与国有企业并购研究 [J]. 华东经济管理, 2010 (7): 107 - 110.

[89] 韩亮亮,李凯. 民营上市公司终极股东控制与资本结构决策 [J]. 管理科学, 2007 (5): 22 - 30.

[90] 韩亮亮,李凯. 控制权、现金流权与资本结构:一项基于我国民营上市公司面板数据的实证分析 [J]. 会计研究, 2008 (3): 66 - 73.

[91] 韩亮亮,李凯,方圆. 金字塔股权结构、终极股东控制与资本结构 [J]. 管理评论, 2009 (5): 35 - 41.

[92] 韩亮亮,吕翠玲. 控制权防守、利益侵占与终极股东资本结构决策 [J]. 软科学, 2013 (9): 38 - 42.

[93] 胡彦斌,钟田丽. 企业技术创新能力和融资结构:理论与实证——来自中国创业板面板数据 [J]. 工业工程与管理,2013(6):106 - 114.

[94] 姜毅,刘淑莲. 信息披露质量与控制权私人收益:以股权分置改革为背景 [J]. 财经问题研究,2011(9),50 - 56.

[95] 赖建清. 我国上市公司终极控制人的现状研究 [C]. 上海财经大学公司财务研讨会文集,2003:47 - 62.

[96] 李春涛,宋敏. 中国制造业企业的创新活动 [J]. 经济研究,2010(5):55 - 67.

[97] 李汇东,唐跃军,左晶晶. 用自己的钱还是用别人的钱创新:基于中国上市公司融资结构与公司创新的研究 [J]. 金融研究,2013(2):160 - 183.

[98] 李剑力. 探索性创新、开发性创新与企业绩效关系研究:基于冗余资源调节效应的实证分析 [J]. 科学学研究,2009(9):1418 - 1427.

[99] 李强,黄国良. 动态环境下创新战略与资本结构关系分析:来自能源上市公司的证据 [J]. 科技管理研究,2005(9):151 - 152.

[100] 李自杰,曾敏. 创新行为、企业绩效与资本结构:基于 H 股上市公司的实证研究 [J]. 经济问题探索,2007(6):137 - 143.

[101] 刘少波. 控制权收益悖论与超控制权收益:对大股东侵害小股东利益的一个新的理论解释 [J]. 经济研究,2007(2):85 - 9 6.

[102] 刘芍佳,孙霈,刘乃全. 终极产权论、股权结构与公司绩效 [J]. 经济研究,2003(4):51 - 62.

[103] 刘星,窦炜. 基于控制权私有收益的企业非效率投资行为研究 [J]. 中国管理科学,2009(5):156 - 165.

[104] 刘鑫,薛有志,严子淳. 公司风险承担决定因素研究:基于两权分离和股权制衡的分析 [J]. 经济与管理研究,2014(2):47 - 55.

[105] 刘玉,盛宇华. 两权分离度与企业技术创新实证研究:兼论产权性质与业绩偏离的调节效应 [J]. 科学决策,2018(3):60 - 82.

[106] 吕长江,韩慧博. 上市公司资本结构的实证分析 [J]. 南开管理评论,2001(5):26 - 29.

[107] 冉茂盛,彭文伟,黄凌云. 现金流权与控制权分离下的企业 R&D 投资 [J]. 科学学与科学技术管理,2010(1):133 - 136.

[108] 冉明东.论企业交叉持股的"双刃剑效应":基于公司治理框架的案例研究 [J].会计研究,2007(4):78 - 85.

[109] 冉戎,刘星.合理控制权私有收益与超额控制权私有收益:基于中小股东视角的解释 [J].管理科学学报,2010,13(6):73 - 83.

[110] 冉戎,刘星,陈其安.潜在风险对大股东获取控制权私利行为的影响研究:兼析部分控制权私利的合理性 [J].中国管理科学,2009(17):173 - 182.

[111] 苏坤,杨淑娥.现金流权、控制权与资本结构决策:来自我国民营上市公司的证据 [J].预测,2009(6):18 - 23.

[112] 苏坤,张俊瑞.终极控制权与资本结构决策 [J].管理学报,2012(3):466 - 472.

[113] 孙健.终极控制人、债务融资与控制私利 [J].南京审计学院学报,2005(2):30 - 32.

[114] 孙健.终极控制权与资本结构的选择:来自沪市的经验证据 [J].管理世界,2008(2):18 - 25.

[115] 孙永生,陈维政.终极控制权对高管薪酬激励效应影响的实证分析 [J].工业技术经济,2015(4):20 - 26.

[116] 唐清泉,肖海莲.融资约束与企业创新投资 - 现金流敏感性:基于企业 R&D 异质性视角 [J].南方经济,2012(11):40-54.

[117] 唐跃军,宋渊洋,金立印,等.控股股东卷入、两权偏离与营销战略风格:基于第二类代理问题和终极控制权理论的视角 [J].管理世界,2012(2):82 - 95.

[118] 唐跃军,左晶晶.终极控制权、大股东治理战略与独立董事 [J].审计研究,2010(6):93 - 99.

[119] 唐跃军,左晶晶.所有权性质,大股东治理与公司创新 [J].金融研究,2014(6):177 - 192.

[120] 王凤彬,陈建勋,杨阳.探索式与利用式技术创新及其平衡的效应分析 [J].管理世界,2012(3):96 - 112.

[121] 王化成,李春玲,卢闯.控股股东对上市公司现金股利政策影响的实证研究 [J].管理世界,2007(1):122-127.

[122] 王亮亮，王跃堂．企业研发投入与资本结构选择：基于非债务税盾视角的分析 [J]．中国工业经济，2015（11）：125 - 140．

[123] 王任飞．创新型战略企业的资本结构选择 [J]．管理学报，2004（3）：281 - 285．

[124] 温忠麟，张雷，侯杰泰，等．中介效应检验程序及其应用 [J]．心理学报，2004（5）：614 - 620．

[125] 吴冬梅，庄新田，张元．限售股解禁背景下控制权私人收益 [J]．系统管理学报，2012（4）：470 - 477．

[126] 吴红军，吴世农．股权制衡、大股东掏空与企业价值 [J]．经济管理，2009（3）：44 - 52．

[127] 吴延兵．中国工业产业创新水平及影响因素：面板数据的实证分析 [J]．产业经济评论，2006（2）：155 - 171．

[128] 肖作平．所有权和控制权的分离度、政府干预与资本结构选择：来自中国上市公司的实证证据 [J]．南开经济评论，2010（5）：144 - 152．

[129] 肖作平．终极控制股东对债务期限结构选择的影响：来自中国上市公司的经验证据 [J]．南开管理评论，2011（6）：25 - 35．

[130] 解维敏，唐清泉，陆珊珊．政府 R&D 资助、企业 R&D 支出与自主创新——来自中国上市公司的经验证据 [J]．金融研究，2009（6）：86 - 99．

[131] 熊艳．民营金字塔结构、产品市场竞争与企业创新投入 [J] 软科学，2014（28）：17 - 20．

[132] 熊彼特．经济发展理论：对于利润，资本，信贷，利息和经济周期的考察 [M]．王永胜，译．上海：立信会计出版，2017．

[133] 徐金发，刘翌．企业治理结构与技术创新 [J]．科研管理，2002（3）：25 - 50．

[134] 徐向艺，汤业国．金字塔结构对技术创新绩效的抑制效应分析：基于中国中小上市公司数据的实证研究 [J]．理论学刊，2013（3）：64 - 68．

[135] 杨春明，吴华清．创新能力、资本结构与企业规模之间的关系研究：基于国内 IT 行业上市公司的实证分析 [J]．重庆科技学院学报（社会科学版），2011（24）：81 - 84．

[136] 杨淑娥，王映美．大股东控制权私有收益影响因素研究：基于股权

特征和董事会特征的实证研究 [J]. 经济与管理研究，2008（3）：30 - 35.

[137] 姚洋，章奇. 中国工业企业技术效率分析 [J]. 经济研究，2001（1）：13 - 19.

[138] 叶勇，胡培，何伟. 上市公司终极控制权、股权结构与公司绩效 [J]. 管理科学，2005（18）：58 - 64.

[139] 俞红海，徐龙炳，陈百助. 终极控制股东控制权与自由现金流过度投资 [J]. 经济研究，2010（8）：103 - 114.

[140] 余明桂，夏新平，潘红波. 控制权私有收益的实证分析 [J]. 管理科学，2006（3）：27 - 33.

[141] 于晓红. 行业环境、创新战略与公司资本结构 [J]. 税务与经济，2010（5）：39 - 42.

[142] 于晓红，卢相君. 基于行业环境条件下的上市公司创新战略与资本结构 [J]. 经济管理，2012（2）：50 - 56.

[143] 张峰，邱玮. 探索式和开发式市场创新的作用机理及其平衡 [J]. 管理科学，2013（1）：1 - 13.

[144] 张建宇，蔡双立. 探索性创新与开发性创新的协调路径及其对绩效的影响 [J]. 科学学与科学技术管理，2012（5）：64 - 70.

[145] 张宗益，张湄. 关于高新技术企业公司治理与 R & D 投资行为的实证研究 [J]. 科学学与科学技术管理，2007（5）：23 - 26.

[146] 甄红线，张先治，迟国泰. 制度环境、终极控制权对公司绩效的影响：基于代理成本的中介效应检验 [J]. 金融研究，2015（12）：162 - 177.

[147] 钟田丽，胡彦斌，张天宇. 企业技术创新投入与融资结构的关系：理论模型与实证检验 [J]. 技术经济，2013（6）：40 - 45.

[148] 钟田丽，马娜，胡彦斌. 企业创新投入要素与融资结构选择：基于创业板上市公司的实证检验 [J]. 会计研究，2014（4）：66 - 96.

[149] 周其仁. 市场里的企业：一个人力资本与非人力资本的特别合约 [J]. 经济研究，1996（6）：71 - 80.

[150] 周艳菊，邹飞，王宗润. 盈利能力、技术创新能力与资本结构：基于高新技术企业的实证分析 [J]. 科研管理，2014（1）：48 - 57.

[151] 朱武祥，魏炜，王正位. 回归经典：资本结构研究 60 年思考 [J].

金融研究，2014（12）：194-206.

[152] 邹平,付莹. 我国上市公司控制权与现金流权分离 [J]. 财经研究，2007（33）：135 - 142.

[153] 左晶晶,唐跃军,眭悦. 第二类代理问题、大股东制衡与公司创新投资 [J]. 财经研究，2013（4）：38 - 47.